Julia Braun-Podeschwa
Charlotte Habersack
Angela Pude

B 1.1

MENSCHEN

Deutsch als Fremdsprache
Kursbuch

Hueber Verlag

Für die hilfreichen Hinweise bei der Entwicklung des Lehrwerks danken wir:
Ebal Bolacio, Goethe-Institut/UERJ, Brasilien
Esther Haertl, Nürnberg, Deutschland
Miguel A. Sánchez, EOI Léon, Spanien
Claudia Tausche, Ludwigsburg, Deutschland

Fachliche Beratung:
Prof. Dr. Christian Fandrych, Herder-Institut, Universität Leipzig

Zusätzliche interaktive Lernangebote (www.hueber.de/menschen):
Valeska Hagner, München

Die Audio- und Videodateien finden Sie in der *Hueber Media*-App. Die Audiodateien stehen zusätzlich auch unter www.hueber.de/menschen zur Verfügung.

5. 4. 3. | Die letzten Ziffern
2028 27 26 25 24 | bezeichnen Zahl und Jahr des Druckes.
Alle Drucke dieser Auflage können, da unverändert, nebeneinander benutzt werden.
1. Auflage

Umschlaggestaltung: Sieveking Agentur, München
Videos: MingaMedia Entertainment GmbH
Layout und Satz: Sieveking Agentur, München
Verlagsredaktion: Marion Kerner, Gisela Wahl, Hueber Verlag, München
Druck und Bindung: Westermann Druck Zwickau GmbH, Zwickau
Printed in Germany
ISBN 978-3-19-361903-7

Art. 530_26095_001_03

INHALT

Piktogramme und Symbole

Hörtext auf CD ▶ 1 02

Aufgabe im Arbeitsbuch AB

Zusätzliches interaktives Lernangebot Beruf

Grammatik

GRAMMATIK

falls ≈ wenn
Falls Sie das Essen bereits beendet haben, legen Sie die Serviette neben den Teller.

Kommunikation

KOMMUNIKATION

So etwas habe ich auch schon einmal erlebt.
Das ist mir auch schon passiert. Das berührt mich sehr.
Das kann ich gut nachempfinden.
Darüber hätte ich mich auch sehr gefreut.
Dieses Erlebnis finde ich besonders schön.

INHALT

Liebe Leserinnen, liebe Leser,

Menschen ist ein Lehrwerk für Anfänger. Es führt Lernende ohne Vorkenntnisse in jeweils zwei Bänden zu den Sprachniveaus A1, A2 und B1 des Gemeinsamen Europäischen Referenzrahmens und bereitet auf die gängigen Prüfungen der jeweiligen Sprachniveaus vor.

Menschen geht bei seiner Themenauswahl von den Vorgaben des Gemeinsamen Europäischen Referenzrahmens aus und greift zusätzlich Inhalte aus dem aktuellen Leben in Deutschland, Österreich und der Schweiz auf. Das Kursbuch beinhaltet 12 kurze Lektionen, die in vier Modulen mit je drei Lektionen zusammengefasst sind.

Das Kursbuch

Die 12 Lektionen des Kursbuchs umfassen je vier bzw. sechs Seiten und folgen einem transparenten, wiederkehrenden Aufbau:

Einstiegsseite

Der Einstieg in jede Lektion erfolgt durch ein interessantes Foto, das mit einem „Hörbild" kombiniert wird und den Einstiegsimpuls darstellt. Dazu gibt es erste Aufgaben, die in die Thematik der Lektion einführen. Die Einstiegssituation wird auf den Doppelseiten wieder aufgegriffen und vertieft. Außerdem finden Sie hier einen Kasten mit den Lernzielen der Lektion.

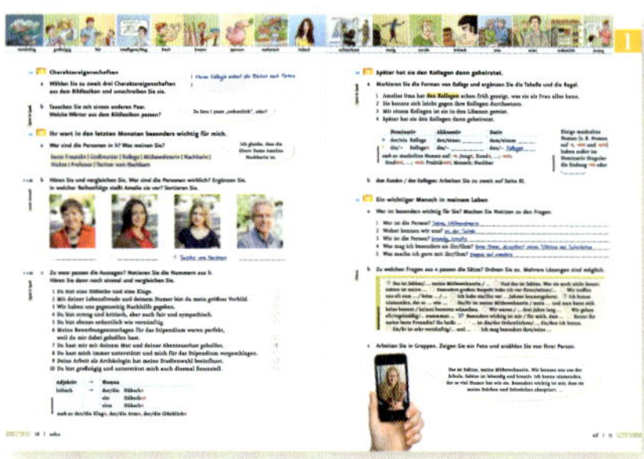

Doppelseite(n)

Ausgehend von den Einstiegen werden auf den Doppelseiten neue Strukturen und Redemittel eingeführt und geübt. Das neue Wortfeld der Lektion wird in der Kopfzeile prominent und gut memorierbar als „Bildlexikon" präsentiert. Übersichtliche Grammatik-, Info- und Redemittelkästen machen den neuen Stoff bewusst. In den folgenden Aufgaben werden die Strukturen zunächst meist in gelenkter, dann in freierer Form geübt. In die Doppelseiten sind zudem Übungen eingebettet, die sich im Anhang auf den „Aktionsseiten" befinden. Diese Aufgaben ermöglichen echte Kommunikation im Kursraum und bieten authentische Sprech- und Schreibanlässe.

Abschlussseite

Auf der letzten Seite jeder Lektion ist eine Aufgabe zum Sprechtraining, Schreibtraining oder zu einem Mini-Projekt zu finden, die den Stoff der Lektion nochmals aufgreift. Als Schlusspunkt jeder Lektion werden hier die neuen Strukturen und Redemittel systematisch zusammengefasst und transparent dargestellt.

Modul-Plus-Seiten
Vier zusätzliche Seiten runden jedes Modul ab und bieten weitere interessante Informationen und Impulse, die den Stoff des Moduls nochmals über andere Kanäle verarbeiten lassen.

Lesemagazin:	Magazinseite mit vielfältigen Lesetexten und Aufgaben
Film-Stationen:	Fotos und Aufgaben zu den Filmsequenzen der *Menschen*-DVD
Projekt Landeskunde:	ein interessantes Projekt, das ein landeskundliches Thema aufgreift und einen zusätzlichen Lesetext bietet
Ausklang:	ein Lied mit Anregungen für einen kreativen Einsatz im Unterricht

Zusätzliche interaktive Lernangebote
Der Stoff aus *Menschen* kann zu Hause selbstständig vertieft werden. Das fakultative Zusatzprogramm für die Lernenden ist passgenau mit dem Kursbuch verzahnt und befindet sich im Lehrwerkservice unter www.hueber.de/menschen.

Übersicht über die Verweise:

interessant?	... führt zu einem Lese- oder Hörtext (mit Didaktisierung) oder Zusatzinformationen, die das Thema aufgreifen und aus einem anderen Blickwinkel betrachten
noch einmal?	... hier kann man den KB-Hörtext noch einmal hören und andere Aufgaben dazu lösen
Spiel & Spaß	... führt zu einer kreativen, spielerischen Aufgabe zum Thema
Beruf	... erweitert oder ergänzt das Thema um einen beruflichen Aspekt
Diktat	... führt zu einem kleinen interaktiven Diktat
Audiotraining	... Automatisierungsübungen für zu Hause und unterwegs zu den Redemitteln und Strukturen
Karaoke	... interaktive Übungen zum Nachsprechen und Mitlesen

Im Lehrwerkservice finden Sie außerdem zahlreiche weitere Materialien zu *Menschen* sowie die Audio-Dateien zum Kursbuch als MP3-Downloads.

Viel Spaß beim Lernen und Lehren mit *Menschen* wünschen Ihnen

Autoren und Verlag

1 Sie möchten die anderen Kursteilnehmer kennenlernen. Was möchten Sie wissen?
Arbeiten Sie in Gruppen und notieren Sie drei Fragen mit jeweils vier Antwortmöglichkeiten.

Sprachen | Hobbys | Ausbildung/Beruf | Familie | Alter | Lieblingsstadt | Pläne | Träume | ...

1 Was macht ihr am liebsten in eurer Freizeit?
- a Sport
- b Lesen
- c Freunde treffen
- d Ausgehen

2 Warum lernt ihr Deutsch?
- a Ich möchte in Deutschland studieren oder arbeiten.
- b Ich habe Familie oder Freunde in Deutschland.
- c Ich habe berufliche Kontakte nach Deutschland.
- d Ich interessiere mich für die deutsche Kultur.

3 Seit wann lernt ihr Deutsch?
- a seit einem Jahr
- b seit zwei Jahren
- c seit drei Jahren
- d seit vier Jahren

2 Wählen Sie in Ihrer Gruppe eine Person, die die Blitzumfrage im Kurs durchführt.
Die Person stellt sich vor den Kurs auf einen Stuhl und stellt nacheinander die Fragen und die Antwortmöglichkeiten vor. Die anderen stellen sich in das Feld mit der Antwort, die am besten passt.

Ihr seid einfach die Besten! 1

1 Warum habe ich euch eingeladen?

a Sehen Sie das Foto an. Was meinen Sie? Wer sind die Personen? Was feiern sie?

> Vielleicht feiert die ältere Dame einen runden Geburtstag. …

▶ 1 02 **b** Was ist richtig? Hören Sie und kreuzen Sie an.

1 Die Gäste ○ kennen sich gut. ○ kennen sich nicht.
2 Amelie geht ○ für zwei Jahre ○ für zwei Monate nach Bulgarien.
3 Sie verabschiedet sich von den Menschen, ○ die in den letzten zwei Jahren besonders wichtig für sie waren. ○ die sie bei der Entscheidung unterstützt haben.

Hören/Sprechen: Personen beschreiben: *Das ist meine Mitbewohnerin. Ich kenne niemanden, der so viel Humor hat wie sie.*

Wortfeld: Charaktereigenschaften

Grammatik: Adjektive als Nomen: *eine Hübsche;* n-Deklination: *ein Kollege, einen Kollegen*

2 Sie gehen ins Ausland. Wie würden Sie Ihren Abschied feiern?

> Ich würde mich von möglichst vielen Menschen verabschieden. Deshalb würde …

vernünftig | großzügig | fair | intelligent/klug | frech | kreativ | sparsam | realistisch | hübsch

AB **3** **Charaktereigenschaften**

a Wählen Sie zu zweit drei Charaktereigenschaften aus dem Bildlexikon und umschreiben Sie sie.

1 Meine Kollegin ordnet alle Bücher nach Farben.
2 …

Spiel & Spaß

b Tauschen Sie mit einem anderen Paar. Welche Wörter aus dem Bildlexikon passen?

Zu Satz 1 passt „ordentlich", oder?

AB **4** **Ihr wart in den letzten Monaten besonders wichtig für mich.**

a Wer sind die Personen in **b**? Was meinen Sie?

beste Freundin | Großmutter | Kollege | Mitbewohnerin | Nachbarin | Nichte | Professor | Tochter vom Nachbarn

Ich glaube, dass die ältere Dame Amelies Nachbarin ist.

▶ 1 03 **b** Hören Sie und vergleichen Sie. Wer sind die Personen wirklich? Ergänzen Sie. In welcher Reihenfolge stellt Amelie sie vor? Sortieren Sie.

noch einmal?

○ ____________

○ ____________

① *Tochter vom Nachbarn*

○ ____________

▶ 1 03 **c** Zu wem passen die Aussagen? Notieren Sie die Nummern aus **b**. Hören Sie dann noch einmal und vergleichen Sie.

Spiel & Spaß

1 Du bist eine Hübsche und eine Kluge. ○
2 Mit deiner Lebensfreude und deinem Humor bist du mein größtes Vorbild. ○
3 Wir haben uns gegenseitig Nachhilfe gegeben. ○
4 Du bist streng und kritisch, aber auch fair und sympathisch. ○
5 Du bist ebenso ordentlich wie vernünftig. ○
6 Meine Bewerbungsunterlagen für das Stipendium waren perfekt, weil du mir dabei geholfen hast. ○
7 Du hast mir mit deinem Mut und deiner Abenteuerlust geholfen. ①
8 Du hast mich immer unterstützt und mich für das Stipendium vorgeschlagen. ○
9 Deine Arbeit als Archäologin hat meine Studienwahl beeinflusst. ○
10 Du bist großzügig und unterstützt mich auch diesmal finanziell. ○

GRAMMATIK

Adjektiv	→	Nomen	
hübsch	→	der/die	Hübsche
		ein	Hübscher
		eine	Hübsche

auch so: der/die Kluge, der/die Arme, der/die Glückliche

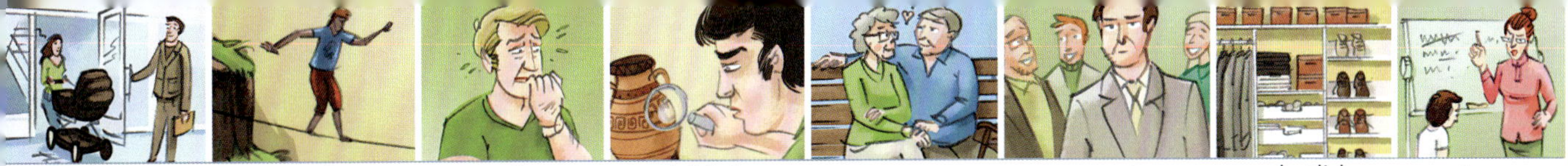

aufmerksam mutig nervös kritisch treu ernst ordentlich streng

AB 5 Später hat sie den Kollegen dann geheiratet.

Spiel & Spaß

a **Markieren Sie die Formen von *Kollege* und ergänzen Sie die Tabelle und die Regel.**

1 Amelies Oma hat den Kollegen schon früh gezeigt, was sie als Frau alles kann.
2 Sie konnte sich leicht gegen ihre Kollegen durchsetzen.
3 Mit einem Kollegen ist sie in den Libanon gereist.
4 Später hat sie den Kollegen dann geheiratet.

GRAMMATIK

	Nominativ	Akkusativ	Dativ
●	der/ein Kollege	den/einen ______	dem/einem ______
●	die/– Kollegen	die/– ______	den/– Kollegen

auch so: maskuline Nomen auf: -e: Junge, Kunde, …; -ent: Student, …; -ant: Praktikant; Mensch; Nachbar; Herr

GRAMMATIK

Einige maskuline Nomen (z. B. Nomen auf -e, -ent und -ant) haben außer im Nominativ Singular die Endung -en oder -______.

b ***dem Kunden / den Kollegen*: Arbeiten Sie zu zweit auf Seite 81.**

AB 6 Ein wichtiger Mensch in meinem Leben

a **Wer ist besonders wichtig für Sie? Machen Sie Notizen zu den Fragen.**

1 Wer ist die Person? Sabine, Mitbewohnerin
2 Woher kennen wir uns? aus der Schule
3 Wie ist die Person? lebendig, kreativ
4 Was mag ich besonders an ihr/ihm? ihren Humor, akzeptiert meine Stärken und Schwächen
5 Was mache ich gern mit ihr/ihm? shoppen und wandern

Diktat

b **Zu welchen Fragen aus a passen die Sätze? Ordnen Sie zu. Mehrere Lösungen sind möglich.**

KOMMUNIKATION

(1) Das ist Sabine/…, meine Mitbewohnerin / … ◯ Und das ist Sabine. Wer sie noch nicht kennt: Sabine ist meine … ◯ Besonders großen Respekt habe ich vor ihrer/seiner/… ◯ Wir treffen uns oft zum … / beim … / … ◯ Ich habe sie/ihn vor … Jahren kennengelernt. (3) Ich kenne niemanden, der so … wie … ◯ Sie/Er ist meine Mitbewohnerin / mein … und man kann sich keine bessere / keinen besseren wünschen. ◯ Wir waren / … drei Jahre lang … ◯ Wir gehen oft/regelmäßig/… zusammen … (3/4) Besonders wichtig ist mir / für mich, dass … ◯ Kennt ihr meine beste Freundin? Sie heißt … ◯ … ist die/der Ordentlichste/…, die/den ich kenne. ◯ Sie/Er ist sehr vernünftig/… und … ◯ Ich mag besonders ihre/seine …

c **Arbeiten Sie in Gruppen. Zeigen Sie ein Foto und erzählen Sie von Ihrer Person.**

Das ist Sabine, meine Mitbewohnerin. Wir kennen uns aus der Schule. Sabine ist lebendig und kreativ. Ich kenne niemanden, der so viel Humor hat wie sie. Besonders wichtig ist mir, dass sie meine Stärken und Schwächen akzeptiert. …

1 SPRECHTRAINING

▶1 04 AB

7 Aussagen verstärken und abschwächen: In der Mensa

Hören Sie und ergänzen Sie die Gespräche. Ergänzen Sie dann die Tabelle.

gar nicht | nicht so | wahnsinnig | ziemlich | ~~ziemlich~~

■ Gestern habe ich den neuen Professor gesehen. Der ist noch ziemlich jung. Habt ihr ihn schon erlebt?

▲ Seine Vorlesung gestern war ____________ spannend. Er spricht ____________ langsam. Ich wäre fast eingeschlafen.

● Was? Ich fand es ____________ langweilig. Er hat ____________ viel Humor. Das hat mir gut gefallen.

++	+	–	––
total richtig echt wirklich besonders ____________	____________	nicht besonders ____________	überhaupt nicht ____________

AB

8 Sehen Sie sich die Fotos in diesem Buch an.

Wie sehen die Personen aus und wie wirken sie auf Sie?

■ Die Frau hier sieht ziemlich sympathisch aus.

▲ Ja, stimmt. Sie wirkt wahnsinnig humorvoll.

● Echt? Ich finde sie gar nicht so sympathisch. Sie wirkt ziemlich arrogant, finde ich.

Audiotraining | Karaoke

GRAMMATIK

Adjektive als Nomen: *hübsch* → *die Hübsche*

	Nominativ	Akkusativ	Dativ
●	der Hübsche ein Hübscher	den Hübschen einen Hübschen	dem Hübschen einem Hübschen
●	die Hübsche eine Hübsche	die Hübsche eine Hübsche	der Hübschen einer Hübschen
●	die Hübschen – Hübsche	die Hübschen – Hübsche	den Hübschen – Hübschen

auch so: der/die Kluge, Erwachsene, Glückliche

n-Deklination

	Nominativ	Akkusativ	Dativ
●	der/ein Kollege	den/einen Kollegen	dem/einem Kollegen
●	die/- Kollegen	die/- Kollegen	den/- Kollegen

auch so: maskuline Nomen auf: -e, -ent, -ant, Mensch, Nachbar; Herr

KOMMUNIKATION

Personen beschreiben

Das ist Sabine/..., meine Mitbewohnerin /...
Und das ist Sabine. Wer sie noch nicht kennt: Sabine ist meine ...
Kennt ihr meine beste Freundin? Sie heißt ...
Das ist ... Sie/Er ist meine/mein ... und man kann sich keine bessere / keinen besseren wünschen.
Ich habe sie/ihn vor ... Jahren kennengelernt.
Wir waren / ... drei Jahre lang ...
Sie/Er ist sehr vernünftig/...
... ist die/der Ordentlichste/..., die/den ich kenne.
Ich kenne niemanden, der so ... wie ...
Besonders großen Respekt habe ich vor ihrer/seiner/...
Besonders wichtig ist mir / für mich, dass ...

Er erledigte seine Aufgaben zuverlässig. 2

▶1 05 **1 Sehen Sie das Foto an und hören Sie.**

a **Was meinen Sie? Macht dem Mann seine Arbeit Spaß?**

Ich denke schon, dass ihm die Arbeit Spaß macht.
Er sieht auf jeden Fall nicht unzufrieden aus.

b **Ein Arbeitsplatz im Kindergarten: Was würde Ihnen gefallen? Was nicht? Machen Sie Notizen und erzählen Sie.**

☺	☹
Arbeit mit Kindern	Lärm
…	

Die Arbeit mit Kindern würde mir gut gefallen.
Aber der Lärm wäre mir zu viel. …

● Überstunde ● Gehalt brutto netto ● Steuer ● Chefin / ● Leiterin

AB **2** **Insgesamt gefiel mir das Praktikum sehr gut.**

a Überfliegen Sie die Texte. Wer schreibt was an wen? Verbinden Sie.

1 Benjamin Böhle schreibt	eine E-Mail	für die Schule.
2 Der Arbeitgeber schreibt	einen Praktikumsbericht	für die Schule.
3 Benjamin Böhle schreibt	eine Bestätigung	an eine Freundin.

Beruf ①

PRAKTIKUMSBERICHT KINDERGARTEN AN DER STEINSTRASSE

von Benjamin Böhle (Klasse 12a)

Da ich später auf jeden Fall mit Menschen zu tun haben möchte, wollte ich ein Praktikum im sozialen Bereich machen und entschloss mich daher für einen Kindergarten. Der Kindergarten an der Steinstraße gab mir eine Woche lang Gelegenheit dazu.

Die Einrichtung: Gleich am ersten Tag führte mich die Leiterin Frau Burger durch die Einrichtung und zeigte mir alles. Zu diesem Zeitpunkt hatte der Kindergarten drei Vormittags- und zwei Nachmittagsgruppen. Das Arbeitsklima war freundlich und ich durfte auch die Erzieherinnen duzen.

Tagesablauf: Am Morgen kamen die Kinder zu unterschiedlichen Zeiten. Gegen zehn waren alle da und beschäftigten sich allein. Um zwölf gab es Mittagessen. Danach machten die Kinder Mittagsschlaf und anschließend gingen wir in den Garten. Am späten Nachmittag las ich ihnen Geschichten vor und sang mit ihnen. Jeden Dienstag haben die Erzieherinnen Teambesprechung.

Der Beruf: Die Ausbildung zum/zur Erzieher/-in dauert zwei bis drei Jahre. Sie besteht aus Praxiszeiten und Theoriezeiten an einer Fachschule. Anschließend macht man ein einjähriges Berufspraktikum. Manche Erzieher/-innen arbeiten Vollzeit. Andere haben eine Teilzeitstelle von 24 bis 33 Wochenstunden.

Fazit: Die Arbeit im Kindergarten machte mir viel Spaß. Die Kinder hatten schnell Vertrauen zu mir und auch mit meinen Kolleginnen kam ich gut zurecht. Besonders gut gefiel mir, dass ich Verantwortung übernehmen durfte und selbstständig arbeiten konnte. Insgesamt gefiel mir das Praktikum sehr gut. Ich kann mir eine Ausbildung zum Erzieher gut vorstellen. Allerdings schreckt mich das geringe Einkommen ab. Leider sind Tätigkeiten im sozialen Bereich sehr schlecht bezahlt.

Beruf ②

Stuttgart, 5. Mai 20..

Praktikum Benjamin Böhle

Herr Böhle unterstützte unser Team eine Woche lang. Er war freundlich und hilfsbereit und erledigte seine Aufgaben immer sehr zuverlässig. Außerdem brachte Herr Böhle bereits gute Kenntnisse im Umgang mit Kindern mit. Besonders positiv fiel auf, dass er ein Instrument beherrschte und mit den Kindern Lieder sang.
Insgesamt waren wir mit der Leistung von Herrn Böhle sehr zufrieden. Für eine Ausbildung zum Erzieher können wir ihn unbedingt empfehlen.

Mit freundlichen Grüßen

Evelyn Burger

● Teambesprechung ● Teilzeit ● Vollzeit ● / ● Auszubildende ● Tagesablauf

(3)

Hi Jenny,
heute war mein letzter Tag im Kindergarten. Echt schade ☹. Ich dachte nicht, dass es mir Spaß machen würde, aber dann gefiel es mir total gut. Die Kinder waren echt süß. So kreativ und lustig! Wir haben den ganzen Tag zusammen gesungen. Nur das Mittagessen fand ich schrecklich. Das brachte so ein Lieferservice. Egal ob Fischstäbchen oder Spaghetti, alles schmeckte irgendwie gleich.
Leider ist das Gehalt von einem Erzieher sehr niedrig, sonst würde ich mir das echt überlegen. Wusstest du, dass da netto kaum etwas übrig bleibt? Aber die Kindergärtnerinnen waren immer sehr geduldig und lieb zu den Kindern, auch wenn sie oft Überstunden machen mussten. Für mich sind sie die wahren Heldinnen des Alltags! So, jetzt falle ich ins Bett. Bin todmüde.

Bis bald!
Benjamin

Spiel & Spaß

b Lesen Sie noch einmal. In welchem Text / welchen Texten finden Sie Informationen zu den Fragen? Notieren Sie 1, 2 und/oder 3. Hilfe finden Sie im Bildlexikon.

Beantworten Sie dann die Fragen.

1 Warum entschloss Benjamin sich für ein Praktikum im Kindergarten? 1
2 Wie war das Betriebsklima? ______
3 Wie wird Benjamin beschrieben? ______
4 Wie sah ein typischer Tag in dem Kindergarten aus? ______
5 Wie sieht die Ausbildung zum Erzieher aus? ______
6 Wie gut hat Benjamin gearbeitet? ______
7 Welche Vorkenntnisse hatte Benjamin? ______
8 Was hat ihm gut gefallen? ______
9 Was hat ihm nicht so gut gefallen? ______
10 Möchte er eine Ausbildung zum Erzieher machen? ______
11 Kann man Benjamin für einen Ausbildungsplatz im Kindergarten empfehlen? ______

Spiel & Spaß

c Lesen Sie die Texte in a noch einmal und markieren Sie die Verben im Präteritum. Machen Sie eine Tabelle.

Infinitiv	Typ 1 „führte" (-te)	Typ 2 „entschloss" (Vokalwechsel)	Typ 3 „brachte" (-te + Vokalwechsel)
entschließen		entschloss	
führen	führte		
mitbringen			brachte mit
…			

SCHREIBTRAINING

AB **3** **Mein erster Arbeitstag**

a **Suchen Sie die Präteritumformen im Wörterbuch.**

sein | halten | führen | gefallen | denken | bekommen | sich fühlen

sein – war, …

Diktat

b **Ergänzen Sie den Bericht mit den richtigen Präteritumformen.**

Leon Gess macht eine Ausbildung zum Schreiner

Am Abend vor meinem ersten Arbeitstag ______________ (sein) ich ziemlich nervös. Aber der Tag ist mir in guter Erinnerung geblieben. Gleich am Morgen ______________ (halten) der Chef eine Ansprache für alle neuen Auszubildenden. Danach ______________ (führen) der Ausbildungsleiter uns durch den Betrieb. Besonders gut ______________ (gefallen) mir das Betriebsklima. Es ______________ (sein) von Anfang an sehr angenehm. „Hoffentlich dürfen wir schon am ersten Tag mitarbeiten!“, ______________ (denken) ich am Abend vorher. Schon am späten Vormittag ______________ (bekommen) wir in der Werkstatt Gelegenheit dazu. Der erste Tag war zwar anstrengend, aber insgesamt ______________ (fühlen) ich mich sehr wohl.

c **Einen Bericht schreiben: Mein erster Arbeitstag im Hotel.**
Arbeiten Sie zu zweit auf Seite 82.

Audiotraining | Karaoke

GRAMMATIK

Präteritum

	Typ 1 regelmäßige Verben (-te)	**Typ 2** unregelmäßige Verben (Vokalwechsel)	**Typ 3** Mischverben (-te + Vokalwechsel)
	führen	**geben**	**bringen**
ich	führte	gab	brachte
du	führtest	gabst	brachtest
er/es/sie	führte	gab	brachte
wir	führten	gaben	brachten
ihr	führtet	gabt	brachtet
sie/Sie	führten	gaben	brachten

KOMMUNIKATION

etwas Vergangenes bewerten

Der erste Tag ist mir in guter/schlechter Erinnerung geblieben.
Schon der erste Tag machte mir (keinen) Spaß / (nicht so) viel Freude.
Erst habe ich zwar nicht so viel erwartet, aber dann gefiel es mir total gut.
Besonders gut / Nicht so gut gefiel mir das Betriebsklima / der Chef / …
Das fand ich sehr angenehm / enttäuschend / …
Nur von dem Essen / den Kollegen / den anderen Auszubildenden / … war ich sehr enttäuscht.
Etwas merkwürdig war, dass …
Der erste Tag war zwar anstrengend, aber …
Insgesamt fühlte ich mich sehr wohl / nicht besonders wohl.
Insgesamt gefiel mir der erste Tag sehr gut / nicht so gut.

einen Bericht strukturieren

Gleich am Morgen … / Dann/Danach/Anschließend … / Gegen Mittag/Abend/zehn Uhr … /
(Erst) Am frühen/späten Vormittag/Nachmittag …

Mein Beruf ist meine Leidenschaft. 3

Sprechen: über eine Statistik sprechen: *Rund die Hälfte von uns wohnt …*

Lesen: Magazintext, Statistik

Wortfeld: Wohnen

Grammatik: Relativsätze im Dativ und mit Präpositionen: *Das ist der Ofen, an dem ich saß.*

1 **Sehen Sie das Foto an und erzählen Sie:**
Welche Assoziationen haben Sie?
Woran denken Sie?

Das Foto erinnert mich an das Holzhaus in meinem letzten Urlaub. …

▶ 1 06 **2** **Hören Sie und beantworten Sie die Fragen.**
Was meinen Sie?

a Welchen Beruf hat Herr Hauser?
b Wer ist die Frau und was möchte sie?
c Kennen sich die beiden gut?
d Ist das ein beruflicher oder ein privater Kontakt?

■ Ich glaube, dass der Mann Fotograf ist.
▲ Nein, das glaube ich nicht. Er sagt in dem Gespräch, dass Fotografieren sein Hobby ist.

• Makler • Apartment • Hausmeister • Innenstadt • Vorort • (Innen-)Hof • Ofen • Lift

AB **3**

Ein Interview

a Lesen Sie den Textanfang (Zeile 1–11) und beantworten Sie die Fragen.

1 Was macht Herbert Hauser beruflich?
2 Warum wird er für die Illustrierte interviewt?
3 Wovon erzählt Herbert Hauser in dem Interview?

„Ich möchte die Menschen glücklich machen"

Ein Besuch bei Herbert Hauser, Makler aus Leidenschaft

Feiert heute seinen 70. Geburtstag: Herbert Hauser

Er lebt in Oberursel, einem kleinen Ort im Taunus in der Nähe von Frankfurt. Sein großes Arbeitszimmer hat viele Fenster, durch die man ins Grüne blickt. An den Wänden hängen Fotos in allen Größen, die unterschiedliche Häuser und ihre Bewohner zeigen. Herbert Hauser kennt sie alle. Er ist der Mann, der den Traum vom passenden Heim wahr werden lässt – und das schon seit über 40 Jahren.

„Ich wollte schon immer andere Menschen glücklich machen", erzählt er uns, als wir ihn besuchen. „Ihnen das richtige Haus oder die passende Wohnung vermitteln, das ist für mich mehr als ein Beruf. Es ist meine Leidenschaft!" Wer kann das heute noch sagen? Zusammen mit Herbert Hauser werfen wir einen Blick auf die Fotos in seinem Arbeitszimmer. Er stellt uns vier Kunden vor, denen er bei der schwierigen Wohnungssuche half.

Spiel & Spaß

b Welches Foto passt? Überfliegen Sie den Rest des Artikels und ordnen Sie zu.

 ◯  ◯  ◯  ◯

(A) „Schauen Sie sich dieses Foto an, das hier war mein allererster Kunde in den 70er-Jahren: ein Frankfurter Student. Er suchte ein 1-Zimmer-Apartment mit kleinem Balkon. Zu dieser Zeit herrschte extremer Wohnungsmangel für Studenten. Wir fanden nur Wohnungen, die zu weit entfernt waren von der Universität. Oder Wohngemeinschaften. Doch Joachim wollte unbedingt seine eigenen vier Wände haben. Nach langer Suche fanden wir einen leeren Zirkuswagen auf dem Grundstück einer alten Dame. Sie machte damals einen klugen Tausch: Joachim zog in den Zirkuswagen und erledigte dafür Hausmeistertätigkeiten für die Besitzerin. Nach dem Tod der alten Dame erbte er das Haus und das Grundstück und lebt heute noch dort. Ab und zu fahre ich ihn besuchen und dann trinken wir eine Tasse Tee in seinem Wagen.

Rund 16 Millionen Deutsche leben allein. Das ist jeder Fünfte.

● Wohnfläche ● Wand ● Balkon ● Dachterrasse ● Grundstück ● Einfamilienhaus ● Reihenhaus ● Wohnblock

(B) Das hier, das ist die Familie Souza Fontes aus Brasilien. Als sie aus ihrem Heimatland hier ankamen, fanden sie nur eine enge Wohnung in der Innenstadt. Aber den Souza Fontes fehlte schnell vor allem eines: ein Ort, an den sie Freunde und Verwandte zu jeder Jahreszeit zum Grillen einladen können. Sie suchten also ein Zuhause mit Garten oder Hof. Die Kosten durften nicht zu hoch sein. In einem Vorort fand ich eine schöne Wohnung, die direkten Zugang zu einem großen Garten hatte. Die Wohnungseinweihung war ein spektakuläres Garten- und Grillfest, bei dem es fantastisches Essen gab und ich mich sehr amüsiert habe.

14 Prozent der Berlinerinnen und Berliner haben einen ausländischen Pass.

(C) Und hier, auf diesem Foto: Das sind die Ettenhubers, die unbedingt auf einen alten Bauernhof ziehen wollten. Ich fand schließlich einen mit über 200 m^2 Wohnfläche und einem großen Grundstück für sie. Die früheren Besitzer zogen zu ihren Kindern und so übernahmen die Ettenhubers auch gleich die ganze Einrichtung: Vom alten Auto über den Mülleimer bis zur Klobürste war alles inklusive. Das Schmuckstück des Hauses war und ist der schöne Ofen, an dem ich erst kürzlich wieder bei einem Stück Kuchen mit der Familie saß.

Junge Erwachsene zieht es in die Stadt – Familien und ältere Menschen aufs Land.

(D) Am schönsten war die Begegnung mit dieser Dame, die Sie vorhin ansprachen: Sie war eine sehr anspruchsvolle Kundin, die nur in der besten Lage suchte. Ein Apartment mit Dachterrasse und Lift in der Innenstadt von Frankfurt, das war ihr Wunsch. Ich habe der Dame viele Objekte gezeigt, aber mit allen war sie unzufrieden ... nur mit mir nicht: Seit 36 Jahren bin ich glücklich mit Erika verheiratet. Hier sehen Sie sie in unserem Ferienquartier am Bodensee!"

▶ 1 07–11 **c Was ist richtig? Lesen und hören Sie den Text und kreuzen Sie an. Hilfe finden Sie auch im Bildlexikon.**

noch einmal?

(A) Joachim wollte in ◯ einer eigenen Wohnung ◯ einer Wohngemeinschaft leben. Er durfte in den Zirkuswagen ziehen, wenn er ◯ ihn renoviert. ◯ der Besitzerin hilft. Nach dem Tod der alten Dame ◯ musste er ausziehen. ◯ konnte er in das Haus einziehen.

(B) Den Souza Fontes vermittelte Herbert Hauser eine Wohnung ◯ in der Innenstadt. ◯ in einem Vorort. Die Miethöhe ◯ spielte keine Rolle. ◯ war für die Entscheidung wichtig.

(C) Für die Ettenhubers fand Herbert Hauser einen Bauernhof mit ◯ kleinem Garten. ◯ großem Grundstück. Sie übernahmen den Hof ◯ möbliert. ◯ unmöbliert. Das schönste an dem Haus ist ◯ der Ofen. ◯ das Grundstück.

(D) Herbert Hauser hat seine Ehefrau ◯ bei der Arbeit in Frankfurt ◯ im Urlaub am Bodensee kennengelernt. Diese Kundin suchte ein Apartment mit Dachterrasse in bester Lage ◯ am Stadtrand. ◯ im Zentrum.

AB **4 Rund ums Wohnen**

Arbeiten Sie auf Seite 81.

● Makler ● Apartment ● Hausmeister ● Innenstadt ● Vorort ● (Innen-)Hof ● Ofen ● Lift

AB 5 Relativsätze: Sie war eine Kundin, die nur in bester Lage suchte.

a Ergänzen Sie und vergleichen Sie mit dem Text auf Seite 18/19.

1 An den Wänden hängen Fotos in allen Größen, ________ unterschiedliche Häuser und ihre Bewohner zeigen.
2 Er ist der Mann, ________ den Traum vom passenden Heim wahr werden lässt.
3 Wir fanden nur Wohnungen, ________ zu weit entfernt waren von der Universität.
4 In einem Vorort fand ich eine schöne Wohnung, ________ direkten Zugang zu einem großen Garten hatte.
5 Am schönsten war die Begegnung mit dieser Dame, ________ Sie vorhin ansprachen.
6 Sie war eine sehr anspruchsvolle Kundin, ________ nur in der besten Lage suchte.

GRAMMATIK

		Nominativ*	Akkusativ*	Dativ
●	Das ist der Mann,	der mir hilft.	den ich nicht kenne.	dem ich helfe.
●	Das ist das Mädchen,	das mir hilft.	das ich nicht kenne.	dem ich helfe.
●	Das ist die Dame,	die mir hilft.	die ich nicht kenne.	der ich helfe.
●	Das sind die Kunden,	die mir helfen.	die ich nicht kenne.	denen ich helfe.

*WIEDERHOLUNG

Spiel & Spaß

b Sehen Sie die Tabelle in a an und ergänzen Sie die passenden Relativpronomen im Dativ.

1 Er stellt uns vier Kunden vor, ________ er bei der schwierigen Wohnungssuche half.
2 Die Wohnungseinweihung war ein Grillfest, bei ________ es fantastisches Essen gab und ich mich sehr amüsiert habe.
3 Das Schmuckstück des Hauses war und ist der schöne Ofen, an ________ ich erst kürzlich wieder mit der Familie saß.

GRAMMATIK

Relativsätze mit Präpositionen

mit Akkusativ	Durch die Fenster blickt man ins Grüne.	→	Hier sind die Fenster, durch die man ins Grüne blickt.
mit Dativ	Ich saß an dem Ofen.	→	Das ist der Ofen, an dem ich saß.

6 Endlos-Sätze: Das ist der Garten, in dem ich mich ausruhe, …

Arbeiten Sie zu viert auf Seite 83.

7 Gedächtnis-Spiel

a Spielen Sie in Gruppen. Jede Person wählt zwei Gegenstände und legt sie in einen Beutel. Sagen Sie etwas zu den Gegenständen.

■ Diesen Ring habe ich von meinem Mann geschenkt bekommen.
▲ Mit diesem Stift mache ich keine Fehler.

b Ziehen Sie einen Gegenstand aus dem Beutel. Wem gehört der Gegenstand? Was wissen Sie über den Gegenstand? Erzählen Sie.

▲ Das ist der Ring, den Luisa von ihrem Mann geschenkt bekommen hat.
■ Das ist der Stift, mit dem Carlos keine Fehler macht.

● Wohnfläche ● Wand ● Balkon ● Dachterrasse ● Grundstück ● Einfamilienhaus ● Reihenhaus ● Wohnblock

AB **8** **Wohnen in Deutschland**

Lesen Sie die Texte und kreuzen Sie an.

(1) Rund 16 Millionen Deutsche leben allein. Das ist jeder Fünfte.

Die Zahl der Einpersonenhaushalte ist in den letzten Jahren um 40 % gestiegen. Die Großstädte sind von dieser Entwicklung besonders stark betroffen: In Berlin gibt es über eine Million Menschen, die allein leben – das ist mehr als die Hälfte aller Berliner Haushalte (54 %). Aber auch in München, Hamburg und Bremen lebt in jedem zweiten Haushalt nur eine Person.

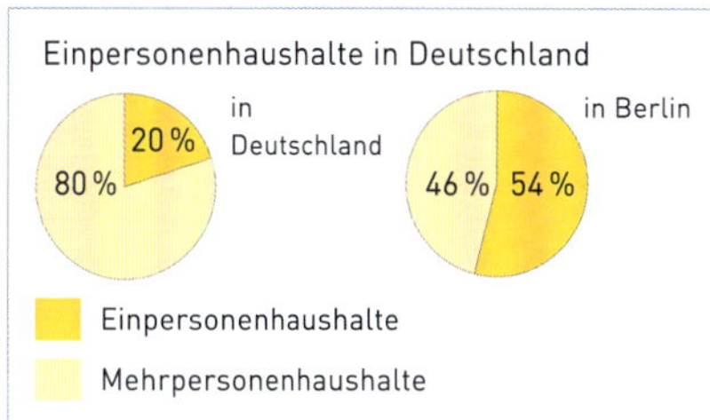

(2) 14 Prozent der Berlinerinnen und Berliner haben einen ausländischen Pass.

Die knapp 480 000 Einwohnerinnen und Einwohner Berlins mit einer nicht-deutschen Staatsangehörigkeit kommen aus insgesamt 185 Staaten. Knapp drei Viertel davon sind Europäer (73,4 %). Aus asiatischen Ländern stammen 14,4 %, aus Amerika 5,6 %, aus Afrika 3,7 % und aus Australien und Ozeanien 0,5 %. Die türkischen Bürgerinnen und Bürger sind mit einem guten Fünftel die größte Gruppe von Ausländerinnen und Ausländern in Berlin.

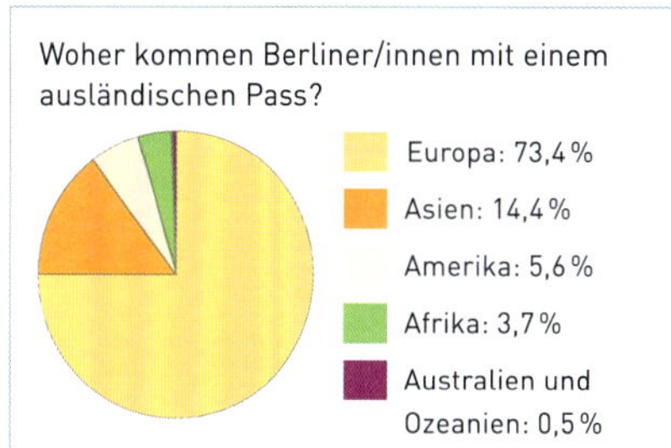

(3) Junge Erwachsene zieht es in die Stadt – Familien und ältere Menschen aufs Land.

Deutschland ist ein dicht besiedeltes Land mit über 81 Millionen Einwohnern. Etwa ein Viertel davon lebt in einer ländlichen Gegend. Fast ein Drittel der Bevölkerung lebt auf 4 % der Fläche in den Großstädten. In wenig besiedelten Gebieten geht die Bevölkerung immer weiter zurück: Vor allem junge Erwachsene ziehen in die Städte. Familien und auch ältere Menschen hingegen ziehen gern ins Grüne, allerdings am liebsten in die Nähe von Städten.

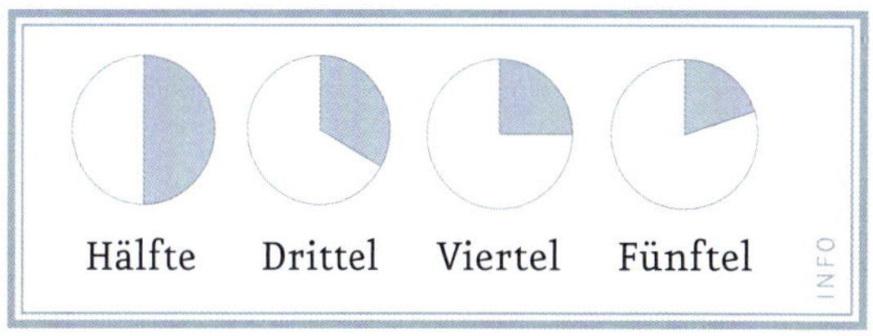

	richtig	falsch
a 40 % von allen Deutschen leben allein.	○	○
b In Großstädten lebt rund die Hälfte von den Bewohnern in Einpersonenhaushalten.	○	○
c Die meisten ausländischen Berliner Bürger kommen aus Europa.	○	○
d Gut ein Fünftel von den Einwohnern Berlins hat die türkische Staatsangehörigkeit.	○	○
e Etwa drei Viertel von der deutschen Bevölkerung leben in Großstädten.	○	○
f Junge Menschen wohnen am liebsten in der Stadt.	○	○
g Familien und ältere Menschen wohnen am liebsten in ganz einsamen Gegenden auf dem Land.	○	○

SPRECHTRAINING

interessant?

9 Wie wohnt der Kurs?

a Interviewen Sie Ihre Partnerin / Ihren Partner und ergänzen Sie. Machen Sie eine Kursstatistik.

1 Wohnen Sie ...	◯ zur Miete?	◯ in einem eigenen Haus / einer Eigentumswohnung?	
2 Wohnen Sie ...	◯ in der Innenstadt?	◯ am Stadtrand oder in einem Vorort?	◯ auf dem Land?
3 Wohnen Sie ...	◯ allein?	◯ zu zweit/dritt?	◯ mit mehr als 3 Personen zusammen?
4 Wie viele Zimmer haben Sie?	◯ 1 Zimmer	◯ 2–3 Zimmer	◯ mehr als 3 Zimmer
5 Wie groß ist Ihre Wohnung?	◯ $< 40\ m^2$	◯ $40-80\ m^2$	◯ $> 80\ m^2$
6 Haben Sie ...	◯ eine Terrasse?	◯ einen Balkon?	◯ einen Garten?

Diktat

b Sprechen Sie über die Statistik.

KOMMUNIKATION

Mehr als / Gut/Rund/Etwa die Hälfte von uns wohnt ...
Jeder zweite Teilnehmer wohnt ...
In unserem Kurs gibt es fünf Personen, die in einer Eigentumswohnung leben.
Das sind ... Prozent.
Nur/Knapp ein Viertel von uns wohnt ...
Fast 80 Prozent / drei Viertel von uns wohnen auf ... Wohnfläche.
Die meisten von uns / Fast alle haben einen Balkon. / Keiner hat ...

Audiotraining

Karaoke

GRAMMATIK

Relativpronomen und Relativsatz im Dativ		
●	Das ist der Mann,	dem ich geholfen habe.
●	Das ist das Mädchen,	dem ich geholfen habe.
●	Das ist die Dame,	der ich geholfen habe.
●	Das sind die Kunden,	denen ich geholfen habe.

Relativsätze im Akkusativ und Dativ mit Präpositionen	
Akkusativ	Durch die Fenster blickt man ins Grüne. → Hier sind die Fenster, durch die man ins Grüne blickt. *auch so:* sich freuen auf, sich ärgern über, sprechen über, Lust haben auf, sich interessieren für, ...
Dativ	Ich saß an dem Ofen. → Das ist der Ofen, an dem ich saß. *auch so:* träumen von, sprechen mit, zufrieden sein mit, sitzen an, ...

KOMMUNIKATION

über eine Statistik sprechen

Mehr als / Gut/Rund/Etwa die Hälfte von uns wohnt ...
Jeder zweite Teilnehmer wohnt ...
In unserem Kurs gibt es fünf Personen, die in einer Eigentumswohnung leben. Das sind ... Prozent.
Nur/Knapp ein Viertel von uns wohnt ...
Fast 80 Prozent / drei Viertel von uns wohnen auf ... Wohnfläche.
Die meisten von uns / Fast alle haben einen Balkon. / Keiner hat ...

Die FREUNDEFINDER – alte Freunde finden via Internet

In unserer Rubrik „**Klassentreffen**" berichten Menschen über Begegnungen mit Schulfreunden, die sie über unsere Internet-Seite wiedergefunden haben.

Nicola hat ihre Volksschulklasse wieder ausfindig gemacht und ein Klassentreffen organisiert. Für uns berichtet sie davon:

„Ich heiße Nicola und bin 37 Jahre alt. Ursprünglich komme ich aus der Steiermark in Österreich, wohne aber schon lange in Wien. Ich habe eine sechsjährige Tochter, die dieses Jahr in die Schule gekommen ist. Das hat mich an meine eigene Volksschulzeit erinnert. Wir hatten eine tolle Klassengemeinschaft. Wir lachten viel, schwätzten ständig und spielten zusammen. Ich war sehr neugierig, was wohl aus meinen Mitschülern geworden ist. Vor allem aus Sebastian, unserem Frechsten, dem die Lehrerin immer eine schwarze Zukunft prophezeit hat. Dank der FREUNDEFINDER-Seite habe ich fast unsere komplette Klasse wiedergefunden. Ich organisierte ein Klassentreffen in einem Hotel, in dem wir gemeinsam ein Wochenende verbracht haben. Kaum sahen wir uns wieder, fühlte ich mich wie damals. Plötzlich war ich wieder die kleine Schüchterne, die sich nichts zu sagen traute. Dabei bin ich heute Leiterin einer großen Buchhandlung und habe zehn Angestellte.

Die meisten habe ich auf Anhieb wiedererkannt. Nina hatte ein paar graue Strähnen in ihren schwarzen Haaren, Sebastian war immer noch so dünn wie früher. Andere aber sahen als Erwachsene ganz anders aus. Ich war sehr froh, Manu wiederzusehen, die damals meine beste Freundin war. Leider hatten wir uns total aus den Augen verloren. Als wir uns jetzt wiedersahen, war es, als wäre kein Tag vergangen. Und das Beste: Manu wohnt in St. Pölten, also gar nicht so weit weg von Wien. Dank der FREUNDEFINDER haben wir uns wieder. Sicher werden wir in Zukunft Kontakt halten. Unten sehen Sie Erinnerungsfotos. Die Frau in der Jeansjacke ist Anita, von der ich immer die Hausaufgaben abschrieb. Sie war die Schlauste von allen. Die Lockige ist Manu, der Große ist Klaus. Er trug schon damals immer einen Hut. Die Schwarzhaarige ist Nina, mit der ich auch Ballett tanzte. Und der Dünne ist Sebastian, dem die Lehrerin die schwarze Zukunft vorhergesagt hat. Er ist heute auch noch ziemlich frech. Und ein gefeierter Neurochirurg!"

1 Die „Freundefinder"

a Wie heißen die Personen auf den Fotos? Lesen Sie den Text und ergänzen Sie die Namen.

1  ______

2  ______

3  ______

4  ______

5  ______

b Was ist richtig? Lesen Sie noch einmal und kreuzen Sie an.

1 Nicola ist gern in die Schule gegangen und hat daher ein Klassentreffen organisiert. ○
2 Die Internetseite hat ihr bei der Suche nach den Mitschülern von damals sehr geholfen. ○
3 Zu Manu hatte sie auch nach der Schulzeit regelmäßig Kontakt. ○
4 Die Lehrerin hatte recht: Sebastian ist heute beruflich nicht erfolgreich. ○

2 Und Sie? Haben Sie schon alte Freunde über das Internet wiedergefunden? Erzählen Sie.

1 Welchen Beruf habe ich?

a Sehen Sie die Fotos an und sammeln Sie Berufe, die zu den Fotos passen könnten.

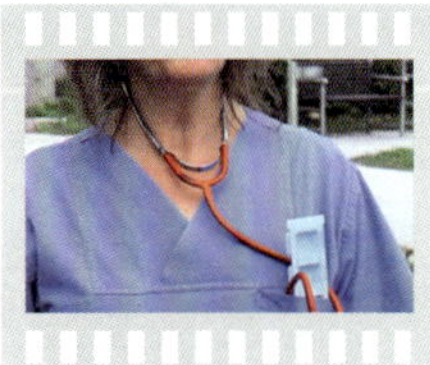

_______ Landwirt, _______ _______ _______ _______

▶ Clip 1 **b** Sehen Sie den Film. Stoppen Sie bei jedem Klick. Wer kann den Beruf als erstes erraten?

1 Barbara P. _______

2 Karl H. _______

3 Friederike W. _______

4 Nathalie Ö. _______

5 Heinz G. _______

▶ Clip 1 **c** Zu welchem Foto in **b** passen die Steckbriefe? Was meinen Sie? Ordnen Sie zu. Sehen Sie dann den Film noch einmal: Vergleichen Sie und ergänzen Sie.

○ **Arbeitsbedingungen:** Einzel- und Gruppentraining, Hausbesuche
Das finde ich schön: _______
Arbeitsinhalte: Training mit positiver Verstärkung, Zusammenarbeit mit Heilpraktikern und Ernährungsspezialisten
Voraussetzungen: Studium Tierpsychologie mit Schwerpunkt Hund

○ **Das finde ich schön:** Arbeit überall möglich
Arbeitsinhalte: Bücher für Kinder und Jugendliche schreiben
Nachteile: _______
Voraussetzungen: Fantasie, Kreativität

○ **Arbeitsbedingungen:** Schichtdienst
Das finde ich schön: _______
Arbeitsinhalte: Medikamente geben, Blutdruck messen
Nachteile: Dokumentation dauert zu lange, Zeit mit den Patienten fehlt

○ **Arbeitsbedingungen:** _______
Arbeitsinhalte: Dialoge aufnehmen, Geräusche und Musik ergänzen
Voraussetzungen: Technikbeherrschung, Einfühlungsvermögen, Fantasie, Aufmerksamkeit

○ **Arbeitsbedingungen:** unterschiedliche Arbeitszeiten
Das finde ich schön: Beruf hat Zukunft, gutes Einkommen
Arbeitsinhalte: _______
Voraussetzungen: handwerkliches Geschick, Kreativität, Kraft, Geduld
Nachteile: anstrengend bei Hitze, Kälte und Regen, langer Urlaub im Winter

2 Welchen Beruf haben Sie oder hätten Sie gern?

a Machen Sie einen Steckbrief wie in **1c** und schreiben Sie dann einen kurzen Text.

b Erzählen Sie im Kurs. Machen Sie nach jeder Rubrik eine Pause. Die anderen raten den Beruf.

1 Flexibles Wohnen auf Zeit. Was ist richtig? Lesen Sie und kreuzen Sie an.

FLEXIBLES WOHNEN AUF ZEIT – DER NEUE TREND

Wohnraum auf Zeit ist in größeren Städten besonders gefragt. Kurzfristige Arbeitsplatzwechsel, befristete Projekteinsätze, Praktikumsplätze, Auslandssemester, Sprachkurse, Messebesuche, Städtetrips – es gibt viele berufliche und private Gründe, für ein paar Wochen oder Monate in einer anderen Stadt zu wohnen. In den letzten Jahren ist die Nachfrage nach flexiblen Wohnmöglichkeiten gestiegen und es entstehen ganz neue Wohn- und Lebensformen. Wenn Geld keine Rolle spielt, bietet das Hotelzimmer die klassische Alternative. Für alle, die nicht gern in einem neutralen Hotelzimmer wohnen, gibt es immer mehr Luxusapartments oder Boarding-Houses. Diese Wohnform ist vor allem in den großen Bank- und Messestädten immer gefragter. Doch auch Menschen mit einem kleineren Geldbeutel haben einige Möglichkeiten: Für kürzere Zeiträume kann man mit etwas Glück Menschen finden, die zur gleichen Zeit in die eigene Heimatstadt ziehen und ihre Wohnung tauschen wollen. Für längere Zeiträume kann man natürlich auch möblierte Wohnungen oder Häuser mieten, wofür es ein stetig wachsendes Angebot gibt. Wer lieber privat wohnt und Lust auf soziale Kontakte hat, wählt ein möbliertes Zimmer bei Menschen, die einen Teil ihrer Wohnung gerade nicht nutzen oder gern Gäste bei sich aufnehmen. Sogar in Studenten-Wohngemeinschaften werden immer häufiger möblierte Zimmer für einen begrenzten Zeitraum zur Untermiete angeboten, denn auch Studenten müssen heute immer flexibler sein und planen ein Auslandssemester oder einen Uniwechsel.

a Luxusapartments und Boarding-Houses sind nicht besonders teuer.
b Es gibt Menschen, die ihre Wohnungen für die Urlaubszeit tauschen.
c Es gibt kaum möblierte Wohnungen zur Miete.
d Auch bei Studenten wird möbliertes Wohnen immer beliebter.

2 Wohnen auf Zeit

a **Sie wollen eine Zeit lang in Deutschland, Österreich oder der Schweiz wohnen. Wählen Sie einen Ort und einen Zeitraum. Suchen Sie im Internet nach freiem Wohnraum und machen Sie Notizen zu den Fragen.**

1 Welche Möglichkeiten gibt es? *Wohngemeinschaften, …*
2 Wer bietet das an / hilft bei der Vermittlung?
3 Was kostet es?
4 Was sind die Vorteile/Nachteile?
5 Würden Sie dort wohnen wollen? Warum (nicht)?

b **Schreiben Sie kurze Texte zu den verschiedenen Möglichkeiten und suchen Sie passende Fotos im Internet. Präsentieren Sie Ihre Ergebnisse im Kurs.**

Der rasende Friseur

1 Am Montag war ich bei dem Reichen mit dem Haus am Hang
und dem Armen mit dem Namen, der so komisch klang.

2 Am Dienstag ging ich zu dem Alten, der kaum Haare hatte,
und dem Jungen, der statt kurzen Haaren eine Matte hatte.

3 Am Mittwoch war ich bei der Dünnen, die so gerne las,
und dem Dicken, der am liebsten Pizza Margherita aß.

4 Am Donnerstag besuchte ich die Große, die so lustig war,
und den Kleinen mit dem feuerroten Strubbel-Haar.

5 Am Freitag machte ich Frau Meier eine Dauerwelle,
kaschierte dann dem Gatten eine ziemlich kahle Stelle.

6 Am Samstag machte ich der Braut 'ne Hochzeitsfrisur,
dem Bräutigam, dem reichte eine gründliche Rasur.

7 Am Sonntag hatte ich dann endlich einmal frei,
ich stand spät auf und machte mir ein Spiegelei!

Refrain
Schnipp-di-Schnapp,
waschen, schneiden, föhnen,
Haare ab!
Färben oder tönen?
Ich bringe alles mit
für 'nen guten Schnitt.
Denn es ist nicht schwer,
ich bin der rasende Friseur!

▶ 1 12 **1 Welche Bilder passen zu den Strophen? Ordnen Sie zu.**
Hören Sie dann das Lied.

2 Spiel: Pantomime

a Schreiben Sie die Wochentage auf Kärtchen. Ziehen Sie zu zweit ein Kärtchen und planen Sie eine Pantomime zu Ihrem Wochentag.

b Spielen Sie Ihre Pantomime im Kurs. Die anderen erraten den Wochentag.

▶ 1 12 c Hören Sie dann noch einmal und spielen Sie Ihre Pantomime zu der passenden Strophe vor.

Obwohl ich Ihnen das erklärt habe, … 4

Hören/Sprechen: reklamieren: *Das ist wirklich sehr ärgerlich.*; Gesprächsstrategien am Telefon: *Bleiben Sie bitte am Apparat!*

Lesen/Schreiben: Reklamation

Wortfeld: Kundenservice

Grammatik: Konjunktionen *obwohl, trotzdem*

1 Heute ist sicher meine Zeitschrift in der Post.

a Sehen Sie das Foto an. Warum liest die Frau diese Zeitschrift?

▶1 13 **b** Was ist richtig? Hören Sie und kreuzen Sie an. Mehrere Lösungen können richtig sein.

1 Frau Appeldorn findet ○ Werbung ○ Rechnungen ○ ein Rätselheft ○ das Magazin *Auto & LKW* in ihrem Briefkasten.
2 Sie hat ○ ein Rätselheft ○ das Magazin *Auto & LKW* abonniert.
3 Der Verlag hat ihr das Magazin ○ schon mehrfach ○ zum ersten Mal geschickt.

2 Lesen Sie Zeitschriften? Wenn ja, welche?

Jugendzeitschrift | Fernsehzeitschrift | Reisemagazin | Nachrichtenmagazin | …

SIGLINDE APPELDORN – WALDVÖGELEINSTR. | Mein Schreiben vom 10. Mai, mein Anru | Mein Schreiben vom 10. Mai, mein Anru
Mediengruppe Nord | Sehr geehrte Damen und Herren, | Sehr geehrte Damen und Herren,
| seit zwei Monaten bekomme ich statt der v |

● Absender ● Anrede ● Betreff

▶1 14 **3** **Drücken Sie bitte die „3" für persönliche Beratung.**

a Hören Sie und kreuzen Sie an.

1 Frau Appeldorn ruft beim Verlag an, ◯ weil sie schon wieder die falsche Zeitschrift bekommen hat. ◯ weil sie die Zeitschrift *Auto & LKW* kündigen möchte.
2 Frau Appeldorn wird ein paarmal durchgestellt und ◯ hat am Schluss die zuständige Person am Apparat. ◯ erreicht die zuständige Person nicht.

b Hören Sie noch einmal und sortieren Sie.

◯ Eine Mitarbeiterin verbindet Frau Appeldorn mit dem Kundenservice.
◯ Frau Appeldorn drückt die „3" und hält ihre Kundennummer bereit.
① Eine automatische Ansage gibt Auskünfte.
◯ Frau Appeldorn erhält die Durchwahl, weil der Kollege gerade Mittagspause macht.
◯ Frau Appeldorn ist mit dem falschen Mitarbeiter verbunden.

AB **4** **Am Telefon**

noch einmal?

a Ergänzen Sie die Tabelle.

KOMMUNIKATION

~~Guten Tag, Sie sind verbunden mit …~~ | Könnten Sie bitte später noch einmal anrufen? Ich gebe Ihnen die Durchwahl: Das ist die … | Kann sie/er Sie zurückrufen? | Firma …, womit können wir Ihnen helfen? | Oh, das tut mir leid, da sind Sie hier leider falsch. Moment, ich verbinde Sie mit meiner Kollegin / meinem Kollegen. Bleiben Sie bitte am Apparat. | Firma …, mein Name ist …, was kann ich für Sie tun? | Geben Sie mir bitte Ihre Telefonnummer. Frau/Herr … ruft zurück. | Frau/Herr … spricht gerade. Ihr/Sein Anschluss ist besetzt. | Für Reklamationen/Bestellungen/ Produktinformationen muss ich Sie mit der Abteilung … verbinden. Einen Moment bitte! Ich stelle Sie durch. | Hören Sie, Frau/Herr …, es tut mir sehr leid, aber die Kollegin / der Kollege ist gerade zu Tisch / außer Haus / in einer Sitzung. | Kann ich ihr/ihm etwas ausrichten?

Was sagen Sie am Telefon, wenn …	
① … Sie ein Gespräch einleiten	Guten Tag, Sie sind verbunden mit …
② … der Anrufer bei Ihnen falsch ist / Sie ihn weiterverbinden	
③ … die zuständige Person nicht da / nicht erreichbar ist	

b **Anruf beim Kundenservice. Arbeiten Sie zu zweit auf Seite 84.**

5 **Einen Augenblick bitte – wir sind gleich für Sie da!**

▶1 15 **a Hören Sie und beantworten Sie die Fragen.**

Beruf

1 Warum ruft der Verlag Frau Appeldorn an?
2 Wie finden Sie die Reaktion von Frau Appeldorn?

b Was haben Sie zuletzt reklamiert? Erzählen Sie.

AB **6** **Ich bin mit Ihrem Service nicht zufrieden.**

Diktat

a Was passt? Sehen Sie den Brief an und notieren Sie die passenden Wörter aus dem Bildlexikon.

(1) SIGLINDE APPELDORN – WALDVÖGELEINSTR. 64 – 12345 BUCHHOLZ

Mediengruppe Nord
(2) ABC-Straße 12
20354 Hamburg

(3) Buchholz, 16. Juni 20.. (4)

(5) **Mein Schreiben vom 10. Mai, mein Anruf vom 15. Juni**

(6) Sehr geehrte Damen und Herren,

seit zwei Monaten bekomme ich statt der von mir abonnierten Zeitschrift „Rätselwelt" das Magazin „Auto & LKW" zugeschickt. Obwohl ich Ihnen das mehrfach telefonisch und schriftlich erklärt habe, hat sich bis heute nichts geändert.
Ich fordere Sie nun zum letzten Mal auf, dass Sie mir ab sofort wieder die richtige Zeitschrift „Rätselwelt" senden. Bitte schicken Sie mir bis spätestens 25. Juni auch die fehlenden Ausgaben. Zu Ihrer Information: Bis ich die von mir abonnierte Zeitschrift wieder erhalte, bezahle ich mein Abonnement selbstverständlich nicht mehr.

Ich muss Ihnen leider sagen, dass ich mit Ihrem Service nicht zufrieden bin. Trotzdem können Sie mich als Abonnentin behalten, wenn ich spätestens nächste Woche alle fehlenden Ausgaben der Zeitschrift „Rätselwelt" von Ihnen bekomme.

(7) Mit freundlichen Grüßen

(8) Siglinde Appeldorn

P.S.: Eine Kopie dieses Briefes geht an Ihre Abteilung Kundenzufriedenheit.

1 – Absender
2 –

b Lesen Sie den Brief noch einmal und korrigieren Sie die Sätze.

1 Frau Appeldorn schreibt den Brief, weil sie seit zwei Monaten keine Zeitschrift bekommt.
2 Mit diesem Brief beschwert sie sich zum ersten Mal schriftlich beim Verlag.
3 Der Verlag soll ihr die fehlenden Rätselhefte nicht mehr senden.

Spiel & Spaß

c Ergänzen Sie *obwohl* oder *trotzdem*. Hilfe finden Sie in dem Brief in a.

GRAMMATIK

Problem/Grund	**Entscheidung/Folge (unerwartet)**
Ich habe Ihnen das mehrfach erklärt.	________ hat sich bis heute nichts geändert.

GRAMMATIK

Problem/Grund	**Entscheidung/Folge (unerwartet)**
________ ich Ihnen das mehrfach erklärt habe,	hat sich bis heute nichts geändert.

d Gegensätze finden: *Trotzdem* … Arbeiten Sie zu zweit auf Seite 84.

SCHREIBTRAINING

AB

7 Eine Reklamation schreiben

Spiel & Spaß

a Lesen Sie die Anreden und Grußformeln und kreuzen Sie an.

	formell	informell
Sehr geehrte Damen und Herren,	○	○
Hallo Melina,	○	○
Sehr geehrte Frau Zwickel,	○	○
Sehr geehrter Herr Fischer,	○	○
Liebe Sandra,	○	○
Herzlichst Deine/Dein	○	○
Mit freundlichen Grüßen	○	○
Mit den besten Grüßen/Wünschen	○	○

b Schriftlich reklamieren: Lesen Sie die Aufgabe und machen Sie Notizen. Hilfe finden Sie auch in dem Brief auf Seite 29. Schreiben Sie dann einen formellen Brief an die Mediengruppe Nord.

Sie haben vor vier Wochen eine neue Zeitung abonniert. Sie haben immer noch keine Ausgabe erhalten. Sie haben schon zwei E-Mails geschickt. Schreiben Sie an den Verlag.

- Warum schreiben Sie?
- Was soll der Verlag tun?
- Was machen Sie, wenn das nicht bis nächste Woche passiert?

KOMMUNIKATION

Obwohl ich Ihnen schon zwei E-Mails geschickt habe, habe ich noch keine Antwort erhalten.
Das ist wirklich sehr ärgerlich.
Ich möchte Sie auffordern, dass Sie mir ab sofort ...
Bitte bestätigen Sie mir schriftlich, dass ...
Ich muss leider sagen, dass ...
Ihr Service / ... hat mich sehr enttäuscht. Trotzdem ...
Wenn ich bis ... keine Zeitung bekomme / nichts von Ihnen höre, (dann) ...

Audiotraining | Karaoke

GRAMMATIK

Konjunktionen: unerwartete Gegensätze

Hauptsatz + Nebensatz: *obwohl*

Es hat sich bis heute nichts geändert, obwohl ich Ihnen das mehrfach erklärt habe.

Hauptsatz + Hauptsatz: *trotzdem*

Ich habe Ihnen das mehrfach erklärt. Trotzdem hat sich bis heute nichts geändert.

schriftlich reklamieren

Obwohl ich Ihnen schon zwei E-Mails geschickt habe, habe ich noch keine Antwort erhalten.
Das ist wirklich sehr ärgerlich.
Ich möchte Sie auffordern, dass Sie mir ab sofort ...
Bitte bestätigen Sie mir schriftlich, dass ...
Ich muss leider sagen, dass ...
Ihr Service / ... hat mich sehr enttäuscht. Trotzdem ...
Wenn ich bis ... keine Zeitung bekomme / nichts von Ihnen höre, (dann) ...

KOMMUNIKATION

Gesprächsstrategien am Telefon

Guten Tag, Sie sind verbunden mit ...
Firma ..., mein Name ist ..., wie kann ich Ihnen helfen?
Firma ..., womit können wir Ihnen helfen?
Für Reklamationen/Bestellungen/Produktinformationen muss ich Sie mit der Abteilung ... verbinden. Einen Moment bitte! Ich stelle Sie durch.
Oh, das tut mir leid, da sind Sie hier leider falsch. Moment, ich verbinde Sie mit meiner Kollegin / meinem Kollegen. Bleiben Sie bitte am Apparat.
Hören Sie, Frau/Herr ..., es tut mir sehr leid, aber die Kollegin / der Kollege ist gerade zu Tisch / außer Haus / in einer Sitzung.
Frau/Herr ... spricht gerade. / Ihr/Sein Anschluss ist besetzt.
Könnten Sie bitte später noch einmal anrufen? Ich gebe Ihnen die Durchwahl: Das ist die ...
Kann sie/er Sie zurückrufen?
Kann ich ihr/ihm etwas ausrichten?

Bald wird in fast jedem Haushalt ein PC stehen. 5

Hören / Sprechen: Vermutungen über Zukünftiges äußern: *Ich vermute, dass ...*

Lesen: Umfrage: Lesermeinungen

Wortfelder: Medien und Technik

Grammatik: Futur I: *werden* + Infinitiv

1 Das ist fast ein bisschen wie Zauberei.

a Sehen Sie das Foto an. Wann ist das Foto entstanden? Was meinen Sie?

▸ 1 16 **b** Was ist richtig? Hören Sie und kreuzen Sie an.

1 Die Sekretärinnen haben noch nicht lange einen Computer. ○
2 Sie freuen sich über die Arbeitserleichterung. ○
3 Die Abteilungsleiter bekommen keine eigenen Computer. ○

interessant?

2 Seit wann gibt es das? Was meinen Sie? (Auflösung: Seite 88)

E-Mail | Internet | Laptop | Mobiltelefon | PC | Smartphone | SMS | Tablet-PC

— 1970 — 1980 — 1990 — 2000 — 2010 →

E-Mail

• Roboter

• PC (Personal Computer)

• Laptop

• Mobiltelefon/Handy

• Smartphone

• Tablet-PC

AB **3** **Sehen Sie das Bildlexikon zwei Minuten lang an.**
Ihre Kursleiterin / Ihr Kursleiter nennt die Begriffe. Haben oder hatten Sie diese Dinge? Dann stehen Sie auf.

Spiel & Spaß

AB **4** **Computer heute und morgen**

a Überfliegen Sie den Text. Wer meint, dass sich der Computer in privaten Haushalten durchsetzen wird?

SINN UND UNSINN EINES COMPUTERS

Februar 1987. Immer mehr Menschen kaufen sich einen Computer. Was meinen Sie? Wird sich der Computer auch in privaten Haushalten durchsetzen?

(A) Das Rad der Geschichte lässt sich nicht mehr zurückdrehen. Vor allem im Berufsleben gibt es keine Alternative zum Computer. Ich glaube, auch im privaten Bereich wird der Computer in den nächsten Jahren einen zentralen Platz einnehmen. Ich vermute, dass der Computer für unsere Kinder wie ein Lehrer sein wird. Vermutlich werden unsere Autos sich selbst steuern können und vieles mehr. Möglicherweise hat in ferner Zukunft sogar jeder von uns einen persönlichen Assistenten, der uns in allen Lebensbereichen helfen kann. Und wir haben dann mehr Freizeit.

Willy Grüneis (30)

(B) Alle behaupten: Der Computer nimmt uns Arbeit ab! Ich sehe das ganz anders. Mein Freund Marc hat sich gerade einen PC gekauft. Seither beschäftigt sich Marc mehr mit dem Handbuch als mit seiner Diplomarbeit, die er mit dem Computer schreiben will. Manche Leute behaupten, in Zukunft werden wir uns keine Briefe mehr schreiben, sondern Mitteilungen von einem Computer zum anderen schicken. Aber warum sollte ich einen Brief mit diesem komplizierten Gerät schreiben? Es heißt auch, bald werden Maschinen Menschen ersetzen. Ich frage mich: Ist das Fortschritt, wenn die Menschen dann ihre Arbeit verlieren? Also, ich werde mir in den nächsten Jahren bestimmt keinen Computer kaufen. Und ich bin überzeugt, so wie ich denken die meisten!

Frank Holzbrink (38)

b Was ist richtig? Lesen Sie den Text in **a** noch einmal und kreuzen Sie an. Korrigieren Sie die falschen Sätze.

(A) Willy ist der Ansicht, dass Computer im Berufsleben eine große Rolle spielen werden. ○
Im Privatleben wird der Computer nicht so wichtig sein wie im Berufsleben. ○
Die Menschen werden in Zukunft vielleicht mehr freie Zeit haben, denn die Computer nehmen ihnen Arbeit ab. ○

(B) Frank findet: Einen Computer kann man genauso einfach bedienen wie eine Schreibmaschine. ○
Er fürchtet, dass Computer den Menschen in Zukunft Arbeitsplätze wegnehmen können. ○
Er ist der Überzeugung, dass sich die meisten Menschen in den nächsten Jahren einen Computer kaufen. ○

Festplatte

Laufwerk

Monitor

Tastatur

Maus

AB

Spiel & Spaß

5 Lesen Sie die Sätze 1–3 und ergänzen Sie die Tabelle.

(1) Bald wird in jedem Haushalt ein PC stehen. (2) Morgen kaufe ich einen neuen PC.
(3) Im Berufsleben wird es keine Alternative mehr zu Computern geben.

GRAMMATIK

Zukunft		
	1) etwas ist sicher:	**Präsens + Zeitangabe**
	2) bei Vorhersagen / Vermutungen:	**Futur I** Bald wird in jedem Haushalt ein PC stehen.

6 Zukunftsvisionen: Wo sehen Sie sich in … Jahren? Arbeiten Sie auf Seite 86.

▶ 1 17–19
AB

7 Was verändert sich in den nächsten 20 Jahren an Ihrem Arbeitsplatz?

a Wer sagt was? Was meinen Sie? Ordnen Sie zu. Hören Sie dann und vergleichen Sie.

Paulo, 34 Jahre ○
Landschaftsgärtner

Lukas, 19 Jahre ○
Student

Verena, 41 Jahre ○
Marketingleiterin

1 Man wird an virtuellen Universitäten studieren können.
2 Teamarbeit und Kommunikation werden immer wichtiger.
3 Die Technik überfordert viele Menschen.

b Hören Sie noch einmal. Wer sagt das? Ergänzen Sie: Lukas = L, Verena = V, Paulo = P.

1 Ich halte es für unmöglich, dass es mit dem technischen Fortschritt noch weitergeht. (P)
2 In Zukunft werden Zeit und Raum bei der Kommunikation keine Rolle mehr spielen. ○
3 Schon bald wird es wohl keine Alternative zu Teamarbeitsplätzen mehr geben, an denen es technische Hilfsmittel wie Service-Roboter gibt. ○
4 Ich vermute, dass wir nicht mehr rund um die Uhr erreichbar sein werden, weil uns das zu sehr anstrengt. ○
5 In 20 Jahren werden wohl alle Angestellten eine Datenbrille erhalten. ○
6 Man wird sich vermutlich ohne Maus und Tastatur in die Systeme einloggen können. ○
7 Ich kann mir gut vorstellen, dass man am Arbeitsplatz kein Papier mehr braucht. ○

Diktat

c Vermutungen äußern: Ergänzen Sie und vergleichen Sie mit den Sätzen in **b**.

KOMMUNIKATION

Ich glaube, in 20 Jahren wird …	Es w__________ wohl …
Das halte ich __________ unm__________.	Ver__________ wird …
Dazu gibt es wohl keine A__________.	Ich kann m__________ gut/nicht
Ich ver__________, dass …	v__________, dass …

d Wie sieht das Leben in 50 Jahren aus? Arbeiten Sie in Gruppen auf Seite 85.

5 SPRECHTRAINING

AB

Spiel & Spaß

8 Vorhersage, Vorsatz oder Aufforderung?

Welcher Satz passt? Ordnen Sie zu.

1 ~~Ich werde morgen mit dem Rauchen aufhören~~.
2 Ich werde in Zukunft mehr Sport machen.
3 Morgen wird wohl endlich mal wieder die Sonne scheinen.
4 ~~Du wirst jetzt bitte dein Zimmer aufräumen~~!
5 Du wirst jetzt sofort die Musik leiser machen!
6 Wir werden dir beim Umzug helfen.
7 Bald wird es keine Briefkästen mehr geben.

Vorhersage/Vermutung	Versprechen/Vorsatz/Plan	Aufforderung/Warnung
	Ich werde morgen mit dem Rauchen aufhören.	Du wirst jetzt bitte dein Zimmer aufräumen!

9 Arbeiten Sie zu zweit und wählen Sie drei Themen.

Schreiben Sie eine Vorhersage/Vermutung, ein Versprechen / einen Vorsatz / einen Plan und eine Aufforderung/Warnung. Tauschen Sie die Sätze mit einem anderen Paar und ordnen Sie deren Sätze zu.

Wetter | Urlaub | Wochenende | Gesundheit | Ernährung | Nachbarn | Kinder

Ich werde nie wieder Alkohol trinken.

■ „Ich werde nie wieder Alkohol trinken." Das ist ein Vorsatz.
▲ Ja, stimmt. Und …

Audiotraining

Karaoke

GRAMMATIK

Zukunft	
1) etwas ist sicher:	**Präsens + Zeitangabe** Morgen kaufe ich einen neuen PC.
2) bei Vorhersagen/ Vermutungen:	**Futur I** Bald wird in jedem Haushalt ein PC stehen.

Futur I: *werden* + Infinitiv

Vorhersage/Vermutung:
Bald wird in fast jedem Haushalt ein PC stehen.
Warnung/Aufforderung:
Du wirst jetzt bitte die Musik leiser machen!
Versprechen/Vorsatz/Plan:
Ich werde morgen mit dem Rauchen aufhören.

KOMMUNIKATION

Vermutungen über Zukünftiges äußern

Ich glaube, in 20 Jahren wird …
Das halte ich für unmöglich.
Dazu gibt es wohl keine Alternative.
Ich vermute, dass …
Es wird wohl …
Vermutlich wird …
Ich kann mir gut/nicht vorstellen, dass …

Fühlen Sie sich wie zu Hause. 6

Hören/Sprechen: halboffizielle Einladungen: *Fühlen Sie sich wie zu Hause.*

Lesen: Ratgeber

Wortfeld: Essenseinladung

Grammatik: Konjunktion *falls*

1 **Sehen Sie das Foto an: Was ist hier los? Was meinen Sie?**

▶ 1 20 **2** **Wer sagt was? Hören Sie und ordnen Sie zu.**
Vergleichen Sie dann mit Ihren Vermutungen in **1**.

	Herr Müller	Frau Müller	Herr Geiger
a Kommen Sie doch noch zum Essen zu uns mit.	○	○	○
b Wir würden uns freuen.	○	○	○
c Lass doch. Wenn er nicht will.	○	○	○
d Ich komme! Vielen Dank für die Einladung.	○	○	○

Die beiden haben verschiedene Interessen. Herr Müller …

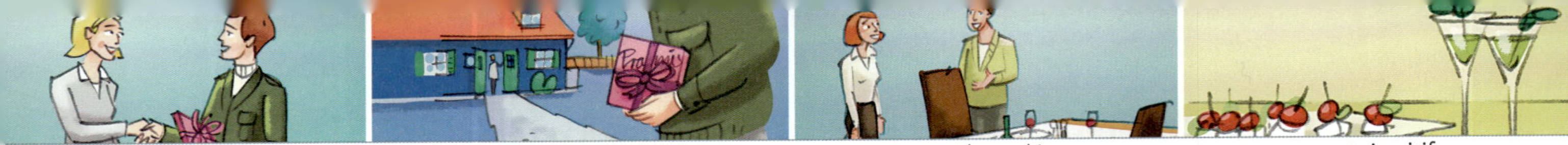

● Begrüßung ● Gastgeschenk einen ● Platz anbieten ● Aperitif

Spiel & Spaß

3 Was kann bei einer Essenseinladung schieflaufen?

Sehen Sie ins Bildlexikon und sammeln Sie.

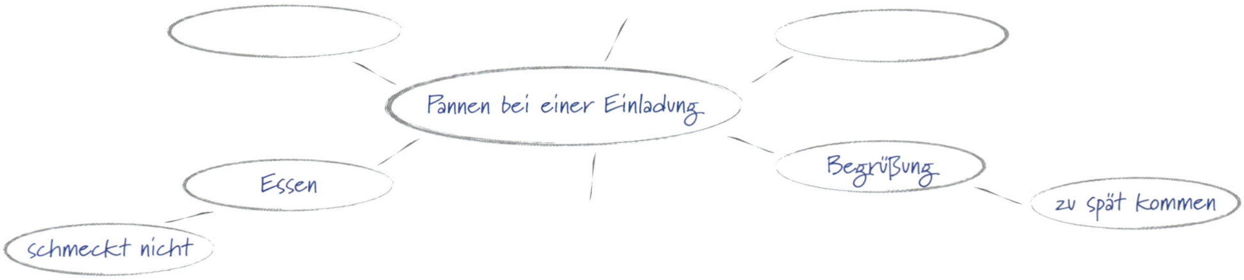

▶ 1 21

noch einmal?

4 Zwei Wochen vorher: Herr Geiger zu Gast bei Herrn und Frau Müller.

a Was ist richtig? Was meinen Sie? Hören Sie und kreuzen Sie an.

1 Herr Geiger ist ein ◯ einfacher ◯ schwieriger Gast.
Er hat ◯ keine ◯ viele Sonderwünsche.

2 Frau Müller hat ◯ großes Verständnis
◯ nicht so viel Verständnis für Herrn Geiger.

b Was passt zusammen? Verbinden Sie. Hören Sie dann noch einmal und vergleichen Sie.

1 Herr Geiger kommt zu spät	Deshalb lehnt er den Nachtisch ab.
2 Er möchte keinen Aperitif,	denn er hat eine Laktose-Intoleranz.
3 Er hat eine Allergie	weil er Vegetarier ist.
4 Herr Geiger isst keinen Rinderbraten,	denn er ist gegen Weizen allergisch.
5 Er kann auch keine Nudeln essen,	weil er keinen Alkohol trinkt.
6 Herr Geiger möchte abnehmen.	und hat kein Gastgeschenk dabei.
7 Er trinkt seinen Kaffee ohne Milch,	gegen Katzenhaare.

c Wie finden Sie das Verhalten von Herrn Geiger? Erzählen Sie.

> Ich finde, Herr Geiger ist ein besonders schwieriger Gast. Meiner Meinung nach hat er viel zu viele Sonderwünsche.

AB

Diktat

5 Eine gelungene Einladung

Notieren Sie die passenden Stichwörter aus dem Bildlexikon.
Sortieren Sie dann das Gespräch.

◯ *Aperitif,* ______________________

■ Setzen Sie sich! Fühlen Sie sich wie zu Hause!
▲ Vielen Dank!
■ Darf ich Ihnen ein Glas Sekt anbieten?
▲ Ja, gern. Danke.

◯ ______________________

■ Möchten Sie noch etwas von dem Braten?
▲ Nein, danke. Ich bin leider schon satt. Es hat wirklich ausgezeichnet geschmeckt.
● Vielen Dank! Das freut uns.

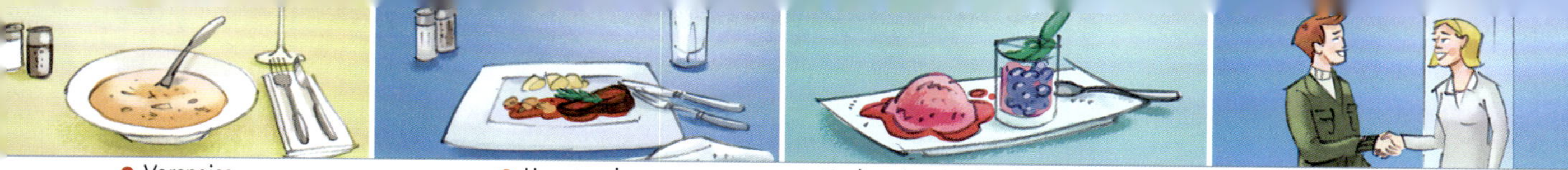

● Vorspeise ● Hauptspeise ● Nachspeise / ● Nachtisch / ● Dessert ● Abschied & ● Dank

(1) ______________, ______________
- ● Herzlich willkommen! Kommen Sie rein. Schön, dass es geklappt hat.
- ▲ Vielen Dank für Ihre Gastfreundschaft.
- ● Darf ich Ihnen meine Frau vorstellen?
- ■ Guten Tag. Sehr erfreut.
- ▲ Ganz meinerseits. Die sind für Sie!
- ■ Oh! Das ist aber ein schöner Blumenstrauß. Vielen Dank!

○ ______________________________
- ● Darf ich Ihnen noch etwas nachschenken?
- ▲ Nein, danke. Es ist schon spät. Ich muss langsam gehen.
- ● Ja, Sie haben recht. Kommen Sie gut nach Hause.
- ▲ Danke! Und noch einmal herzlichen Dank für die Einladung! Ich habe lange nicht so gut gegessen.
- ■ Gern geschehen.

○ ______________________________
- ▲ Hm, das sieht aber lecker aus. Und es riecht so gut.
- ■ Darf ich Ihnen von der Vorspeise geben?
- ▲ Ja, gern. Danke.

AB **6** **Rollenspiel: Schwierige Gäste**

Spiel & Spaß

a **Arbeiten Sie zu zweit und planen Sie Ihre Rollen. Sehen Sie noch einmal ins Bildlexikon: In welchen Situationen wollen Sie schwierig sein? Notieren Sie auch passende Redemittel.**

Meine Rolle als Gast:
Ich habe ○ ein Gastgeschenk. ☒ kein Gastgeschenk.
Ich wollte eigentlich noch Blumen kaufen, aber ich habe es nicht mehr geschafft.
Ich habe ○ eine Allergie. ○ keine Allergie.
Ich habe ○ keine Sonderwünsche. ○ Sonderwünsche, nämlich:
____

Meine Rolle als Gastgeber:
Ich biete ○ keinen Aperitif ○ ein/e/en ______________ als Aperitif an.
Als Vorspeise/… gibt es ______________________________.
Ich erfülle ○ alle Sonderwünsche. ○ nicht alle Sonderwünsche.

KOMMUNIKATION

Ich wollte eigentlich noch …, aber …	Ach, das macht doch nichts.
Es tut mir leid. Aber ich habe eine …allergie. / Ich bin allergisch gegen …	Das ist kein Problem.
Wenn es Sie nicht stört, würde ich lieber …	Das macht gar keine Umstände.
Wenn es keine Umstände macht, hätte ich lieber …	Oh, das tut mir leid! Aber da kann man leider nichts machen.
	Oh, wie schade! Dann kann ich Ihnen leider nichts anbieten. / Dann kann ich Ihnen nur … anbieten.

b **Spielen Sie das Gespräch. Hilfe finden Sie auch in dem Gespräch in 5.**

● Begrüßung

● Gastgeschenk

einen ● Platz anbieten

● Aperitif

AB **7** **Tipps für ein Geschäftsessen**

Spiel & Spaß

a **Welche Überschrift passt? Überfliegen Sie die Tipps und ergänzen Sie.**

Kein sinnloses Nachwürzen! | Verwenden Sie Ihr Besteck richtig! | Nicht einfach gehen! | Niemals zu schnell essen! | Fangen Sie nicht vor den anderen an!

Das Geschäftsessen – so verhalten Sie sich richtig

Gute Tischmanieren sind sehr wichtig. Egal, ob bei einem Kollegen zu Hause, im Restaurant oder in der Kantine, Sie sollten immer daran denken, dass Ihre Geschäftspartner und Kollegen Sie nach Ihren Tischmanieren beurteilen. Besonders rund um ein Vorstellungsgespräch werden Sie beim Essen genau beobachtet. Ihr zukünftiger Arbeitgeber will schließlich sicher sein, dass Sie sich benehmen können und bei einem Geschäftsessen korrekte Tischmanieren haben.

Fünf Tipps, die Sie unbedingt beachten sollten:

1. ______________________________

Auch wenn Sie sehr hungrig sind: Begrüßen Sie erst alle und warten Sie, bis jeder Platz genommen hat. Setzen Sie sich nicht als Erster und beginnen Sie nicht mit dem Essen, bis der Gastgeber ein Zeichen gegeben hat. Er bestimmt, wann mit dem Essen begonnen wird.

2. ______________________________

Die Serviette ist nicht zum Naseputzen da! Auch Schweiß darf man sich nicht mit ihr von der Stirn wischen! Für solche Fälle sollten Sie immer ein Papiertaschentuch bei sich haben. Beim Essen gehört die Serviette auf den Schoß und nicht in den Hemdkragen. Wer kurz auf die Toilette muss, legt die Serviette auf den Stuhl. Falls Sie das Essen bereits beendet haben, legen Sie die Serviette neben den Teller.
Auch das Besteck ist nur zum Essen da! Gestikulieren Sie nicht damit herum. Bei mehreren Gängen sollten Sie die Reihenfolge beachten: Fangen Sie mit dem Besteck ganz außen an und arbeiten Sie sich zum Besteck, das innen liegt, vor.

3. ______________________________

Probieren Sie Ihr Essen, bevor Sie es salzen und pfeffern. Nur ein Ignorant würzt, ohne dass er weiß, wie es schmeckt. Falls Sie das Essen tatsächlich zu langweilig finden, ist späteres Nachwürzen natürlich erlaubt.

4. ______________________________

Wer zu große Stücke abschneidet und sein Essen gierig in sich hineinstopft, hat keine guten Tischmanieren. Lassen Sie sich immer so viel Zeit, dass Sie noch eine Unterhaltung führen können. Und natürlich: Niemals mit vollem Mund sprechen!

5. ______________________________

Das vorzeitige Verlassen des Tischs ist ein absolutes Tabu! Der Gastgeber gibt an, wann das Geschäftsessen beendet ist. Nur weil Sie müde sind, es eilig haben oder lieber einen Fernsehabend zu Hause verbringen möchten, dürfen Sie nicht frühzeitig aufstehen.
Falls Sie aber aus einem wichtigen Grund vorher gehen müssen, sollten Sie sich auf jeden Fall entschuldigen. Nennen Sie den Grund und verabschieden Sie sich höflich.

Zu guter Letzt – andere Länder, andere Sitten!

Nicht überall sind die Tischmanieren gleich. Informieren Sie sich daher vor Ihrem Geschäftsessen über die jeweiligen Sitten des Landes.

GRAMMATIK

falls ≈ wenn
Falls Sie das Essen bereits beendet haben, legen Sie die Serviette neben den Teller.

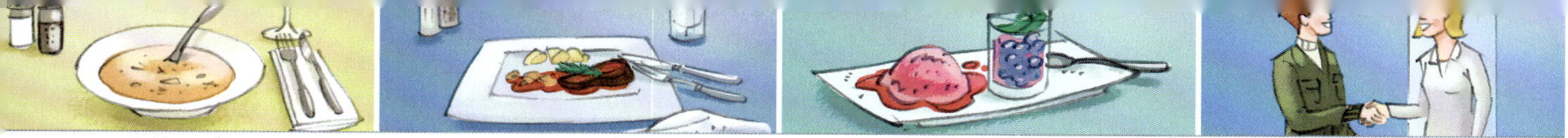

● Vorspeise ● Hauptspeise ● Nachspeise / ● Nachtisch / ● Dessert ● Abschied & ● Dank

b **Lesen Sie den Text noch einmal und ergänzen Sie die Tabelle.**

	Was sollten Sie (auf keinen Fall) tun?
1 Sie sind sehr hungrig.	☺ *alle begrüßen, …* ☹ *…*
2 Sie haben eine Erkältung.	
3 Sie bekommen den ersten Gang. Welches Besteck wählen Sie?	
4 Sie essen gern scharf.	
5 Sie unterhalten sich gern beim Essen.	
6 Sie wären am liebsten zu Hause.	
7 Ihre Tochter hat hohes Fieber.	

8 Einladungen in Ihrem Heimatland / einem Land Ihrer Wahl

a **Eine Deutsche / Ein Deutscher ist bei Ihnen zum Essen eingeladen. Was sollte sie/er beachten? Einigen Sie sich zu zweit auf die beiden wichtigsten Tipps.**

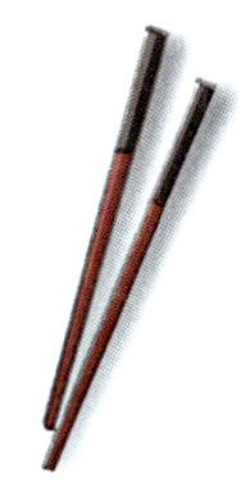

■ In Japan sollte man wissen, dass man nicht nach einem westlichen Besteck fragen sollte, falls zum Essen traditionelle Stäbchen gereicht werden.

● Ja, das ist richtig. Aber noch wichtiger ist vielleicht, dass die Stäbchen nie senkrecht im Reis stehen bleiben dürfen.

■ Ja, stimmt. Das ist besonders wichtig. Und außerdem …

b **Schreiben Sie Ihre Tipps auf ein Plakat und präsentieren Sie sie im Kurs.**

interessant?

TIPPS FÜR JAPAN

Stäbchen dürfen nie senkrecht im Reis stehen!
Stäbchen dürfen in Japan nicht senkrecht im Reis stehen bleiben, denn das ist ein schlechtes Zeichen. Es erinnert an den Tod.

6

MINI-PROJEKT

9 Unsere Tipps für einen lustigen Abend

a Arbeiten Sie in Gruppen und wählen Sie fünf Themen. Schreiben Sie Ihre persönlichen Regeln für einen lustigen Abend auf.

Pünktlichkeit | Begrüßung | Gastgeschenk | Kleidung | Alkohol | Rauchen | Geräusche beim Essen | Handys | Wie lange bleibt man? | …

Fünf Tipps, die Sie unbedingt beachten sollten

1. **Pünktlichkeit:** Zeit ist nicht so wichtig. Deshalb ist es nicht so schlimm, wenn Sie bis zu eine Stunde zu spät kommen.
2. **Wie lange bleibt man?** Sie sollten erst gehen, wenn Sie betrunken sind.

…

b Präsentieren Sie Ihre Tipps im Kurs.

Audiotraining | Karaoke

GRAMMATIK

Konjunktion *falls* (Bedingung)

Falls Sie das Essen bereits beendet haben, legen Sie die Serviette neben den Teller.
Legen Sie die Serviette neben den Teller, falls Sie das Essen bereits beendet haben.

KOMMUNIKATION

Halboffizielle Einladungen	
Herzlich willkommen, Frau/Herr … ! Kommen Sie rein. Schön, dass es geklappt hat. Darf ich Ihnen meine Frau / meinen Mann vorstellen? Guten Tag Frau/Herr … Sehr erfreut. Oh! Das ist aber ein schöner Blumenstrauß. Vielen Dank! Setzen Sie sich! / Fühlen Sie sich wie zu Hause! Darf ich Ihnen ein Glas Sekt anbieten? Vielen Dank! Das freut uns/mich. Möchten Sie noch etwas … / Darf ich Ihnen … anbieten? Darf ich Ihnen noch etwas Kaffee nachschenken? Schon? Bleiben Sie doch noch ein bisschen. / Sie haben recht. Kommen Sie gut nach Hause. Gern geschehen.	Vielen Dank für Ihre Gastfreundschaft, Frau/Herr … Ganz meinerseits. Die sind für Sie! Ja, gern. Danke. Hm, das sieht aber lecker aus. Und es riecht so gut. / Es hat wirklich ausgezeichnet geschmeckt. Ja, gern. / Nein danke. Ich bin leider schon satt. Nein, danke. Es ist schon spät. Ich muss langsam gehen. Noch einmal herzlichen Dank für die Einladung! Ich habe lange nicht so gut gegessen.

Sonderwünsche äußern und darauf reagieren	
Ich wollte eigentlich noch …, aber … Es tut mir leid. Aber ich habe eine …allergie. / Ich bin allergisch gegen … Wenn es Sie nicht stört, würde ich lieber … Wenn es keine Umstände macht, hätte ich lieber …	Ach, das macht doch nichts. Das ist kein Problem. Das macht gar keine Umstände. Oh, das tut mir leid! Aber da kann man leider nichts machen. Oh, wie schade! Dann kann ich Ihnen leider nichts anbieten. / Dann kann ich Ihnen nur … anbieten.

Liebe Kunden, liebe Geschäftspartner, liebe Freunde der Agentur Kommedia,

wir möchten Sie herzlich zu unserem zweijährigen Bestehen einladen. In den letzten beiden Jahren haben wir viel gearbeitet! Jetzt möchten wir uns endlich Zeit nehmen und gemeinsam mit Ihnen ein großes Fest feiern.

Wir freuen uns immer noch sehr, dass wir uns im Juni vor zwei Jahren zur Selbstständigkeit entschlossen haben. Obwohl der Weg bis hierher nicht ganz einfach war, hat uns die Arbeit immer Spaß gemacht. Diese Freude wollen wir mit allen teilen, die uns begleitet haben.

Wir feiern am Samstag, 23. Juni, auf den Kulturterrassen in Flensburg. Um 15 Uhr geht es los und wir feiern, bis der letzte Gast geht.

Das erwartet Sie:

- ab 15 Uhr: Begrüßung mit Kuchen und Torten von unserem dänischen Lieblingskonditor
- ca. 16.30 Uhr: Grußwort und Rückblick unseres Geschäftsführers Ole Sundbeck
- im Anschluss: Ausblick mit Gastrednerin Vivien Albrechtsson: „Unsere Zukunft ist crossmedial! – Herausforderungen neuer Kommunikationsstrategien“
- ab 18 Uhr: deutsch-skandinavisches Mittsommer-Buffet mit herzhaften und süßen Spezialitäten
- durchgehend erfrischende Getränke für jeden Geschmack an unserer Bar mit Ausblick auf die Flensburger Förde
- ab 22 Uhr: Mittsommer-Wettspiele mit Ringwerfen, Sackhüpfen und vielem mehr
- ab 23 Uhr: großes Lagerfeuer mit Musik und Tanz, es spielt die Band „Die Nordlichter“

Ansonsten wollen wir dieses Fest auch dazu nutzen, einander endlich persönlich kennenzulernen. Auch Ihre Partnerin / Ihr Partner ist herzlich willkommen! Wir freuen uns auf Ihre Anmeldung bis zum 14. Juni an Petra Steffens von *Kommedia* unter der Telefonnummer 0461– 567890 oder per E-Mail an p.steffens@kommedia.de.

Mit herzlichen Grüßen
Ihr *Kommedia*-Team

Über uns: Unsere PR-Agentur *Kommedia* hat ihren Sitz in der Flensburger Südstadt. Wir haben unsere Agentur vor zwei Jahren mit fünf Personen gegründet und beschäftigen seit letztem Monat 20 feste Mitarbeiter. Unsere Schwerpunkte sind Marken-, Produkt- und Unternehmens-PR und Marketing.
Unsere beiden neuen Mitarbeiter Tilo Kochert und Fabian Schade werden unser Team vor allem im Bereich mobiles Marketing unterstützen. Die zwei haben jede Menge Erfahrung und Innovationsgeist vorzuweisen. Wir begrüßen die beiden hiermit nochmals herzlich in unserem Team.

1 Lesen Sie die Einladung und beantworten Sie die Fragen.

a Wer lädt wen wozu ein?
b Waren die letzten beiden Jahre für die Agentur erfolgreich?
c Wann und wo wird gefeiert?
d Welche vier Punkte aus dem Programm gefallen Ihnen besonders gut? Warum?

2 Und Sie? Waren Sie schon einmal auf einer geschäftlichen Feier? Erzählen Sie.

▶ Clip 2

1 Täglich besser leben

a **Worum geht es in diesem Film? Was meinen Sie? Sehen Sie den Anfang des Films ohne Ton (bis 0:47) und sprechen Sie.**

Ich denke, dass es um die Schweiz geht. Vielleicht ist das ein Werbefilm für Touristen.

b **Sehen Sie den Anfang des Films (bis 0:47) nun mit Ton und vergleichen Sie.**

c **Was ist richtig? Sehen Sie den Film weiter (0:48 – 1:41) und kreuzen Sie an.**

1 Die Menschen konnten die Produkte ◯ bestellen. ◯ am Lastwagen kaufen.
2 Im Gründungsjahr 1925 hatte die Migros ◯ fünf Produkte ◯ sechs Produkte im Angebot.
3 Der Gründer der Migros, Gottlieb Duttweiler, verkaufte die Produkte ◯ preiswerter ◯ teurer als die Konkurrenz.
4 Die Qualität der Produkte war Gottlieb Duttweiler ◯ nicht so ◯ besonders wichtig.

2 Die Migros wird größer.

a **Was meinen Sie? In welcher Reihenfolge entwickelte Gottlieb Duttweiler seine Geschäftsideen? Sortieren Sie.**

◯ Ferien für alle: Gründung des Reisebüros Hotel Plan | ◯ Beteiligung am Buchclub Ex Libris | ◯ die ersten festen Läden | ◯ das Kulturprozent: ein Teil des Umsatzes wird für Kultur gespendet | ◯ Bildung für alle in den „Klubschulen Migros" | ◯ Eröffnung des ersten Selbstbedienungssupermarkts in Europa | ◯ Herstellung einiger Produkte in Eigenproduktion

▶ Clip 2 **b** **Sehen Sie den Film weiter (1:42 – 3:43) und vergleichen Sie.**

▶ Clip 2

3 Die Migros heute

a **Sehen Sie den Film ohne Ton weiter (ab 3:44). Welche Unternehmensbereiche gehören heute außerdem noch zur Migros? Notieren Sie.**

Geschäftsbereiche der Migros: ______________________________

b **Sehen Sie das Ende des Films noch einmal (ab 3:44) und vergleichen Sie mit Ihren Notizen aus a.**

c **Die Migros ist eine Genossenschaft. Ein Viertel der Bevölkerung in der Schweiz ist daran beteiligt. Würden Sie sich an einer Genossenschaft beteiligen? Warum / Warum nicht?**

> Eine **Genossenschaft** ist eine Unternehmensform, die allen gehört, die sich daran beteiligen wollen. Die Mitglieder erreichen gemeinsam Ziele, die sie als Einzelne nicht erreichen können. In Genossenschaften sind vor allem demokratische Entscheidungen (Mitglieder treffen Entscheidungen gemeinsam) und Gleichheit (die Mitglieder sind gleichwertig) wichtig.
>
> INFO

1 Lesen Sie den Text und beantworten Sie die Fragen.

Presselandschaft in Deutschland

Der deutsche Zeitungsmarkt ist der größte Europas: Man hat die Wahl zwischen etwa 350 verschiedenen Titeln mit einer Gesamtauflage von ungefähr 19 Millionen Exemplaren. Besonders beliebt sind in Deutschland lokale Zeitungen, die nur in einer bestimmten Region (oder Stadt) erscheinen und besonders viel über diese Region berichten. Überregionale Zeitungen, die man in ganz Deutschland beziehen kann und deren Schwerpunkt auf nationalen und internationalen Themen liegt, haben nur einen Anteil von etwa 8 %.

Bei Zeitungen unterscheidet man „Qualitätszeitungen" und „Boulevardzeitungen": Qualitätszeitungen informieren seriös über politische, wirtschaftliche und kulturelle Themen. In den Boulevardzeitungen hingegen geht es mehr um Unterhaltung, Klatsch, Beziehungen und Verbrechen. Sie sind auch bunter, haben größere Fotos und weniger Text als Qualitätszeitungen. Die auflagenstärkste Tageszeitung ist die einzige überregionale Boulevardzeitung: die *Bild*-Zeitung mit einer Auflage von ca. 2,5 Millionen Exemplaren. Ihr folgen drei Qualitätszeitungen: die *Süddeutsche Zeitung (SZ)* auf Platz 2 (Auflage: ca. 400.000 Exemplare) und auf den Plätzen 3 und 4 die *Frankfurter Allgemeine Zeitung (FAZ)* (ca. 335.000) und *Die Welt* (ca. 240.000).

Neben den Tageszeitungen gibt es zahlreiche Zeitschriften, die seltener erscheinen. Am beliebtesten sind die Publikumszeitschriften wie die Programmzeitschriften (z.B. *TV Movie* mit ca. 1,2 Millionen verkauften Exemplaren), gefolgt von Nachrichtenmagazinen (z.B. *DER SPIEGEL*, Auflage: ca. 880.000 Exemplare), Frauenzeitschriften (z.B. *Brigitte*, Auflage: ca. 560.000) und vielen weiteren mehr. Daneben gibt es Fachzeitschriften, die sich mit speziellen Fachgebieten beschäftigen (z. B. *Deutsches Ärzteblatt*, Auflage: ca. 400.000).

a Welche Tageszeitungen werden traditionell von vielen Menschen gekauft?
b Welche verkaufte Auflage hat die größte deutsche Boulevardzeitung?
c Wie heißt die größte deutsche Qualitätszeitung?
d Nennen Sie Beispiele für häufig verkaufte Zeitschriften.

2 Zeitungs- oder Zeitschriftenporträt

a Wählen Sie eine Zeitung oder eine Zeitschrift aus Deutschland, Österreich oder der Schweiz. Recherchieren Sie und machen Sie Notizen zu den Fragen.

1 Wie heißt die Zeitung/Zeitschrift und welche Inhalte hat sie?
2 Seit wann gibt es sie? | 3 Wie hoch ist die Auflage?
4 Wie oft erscheint die Zeitung? | 5 Was gefällt Ihnen besonders gut / nicht so gut?

b Machen Sie ein Plakat und präsentieren Sie Ihre Zeitschrift im Kurs.

AUSKLANG

1
- ○ fährt der mir wieder vor der Nase weg – und ich
- ○ obwohl ich schneller als sonst zum Bus gelaufen bin,
- ○ Obwohl ich heute früher aufgestanden bin,
- ○ höre schon den Chef in meinem Ohr:

- ○ dann bitte ich Sie nicht mehr nur in mein Büro hinein,
- ○ „Falls das noch mal passiert, dann stellen Sie sich drauf ein:
- ○ und Akten ordnen, Listen abhaken und schreiben."
- ○ dann werden Sie in Zukunft abends länger bleiben

Soll das schon alles sein in meinem Leben? Ich will ab heute endlich wieder was erleben! Immer nur rackern, das hat doch keinen Zweck! Ich setz' mich in den nächsten Zug und bin mal weg.

2
- ○ und das findet der Konzernchef ganz und gar nicht toll!
- ○ obwohl ich doch nach schwarzen Zahlen strebe,
- ○ Obwohl ich mir doch alle Mühe gebe,
- ○ bleibt unterm Strich der Rechnung wieder mal 'ne Null –

- ○ dann können Sie sich 'nen neuen Job suchen und gehen.
- ○ „Falls das noch mal passiert, dann auf Nimmerwiedersehen,
- ○ Es gibt ja hier noch andere gute Männer und Frauen!"
- ○ Dann werde ich mich nach einem neuen Leiter umschauen ...

Soll das schon alles sein in meinem Leben? Ich will ab heute endlich wieder was erleben! Immer nur rackern, das hat doch keinen Zweck! Ich setz' mich in den nächsten Zug und bin mal weg.

3
- ○ komm' ich dem Zeitplan wieder mal kaum hinterher – ich glaub',
- ○ Obwohl ich fast nur noch in Konferenzen sitze,
- ○ ich geb' es auf, ich kann wirklich fast nicht mehr.
- ○ obwohl ich über Listen und Ausdrucken schwitze,

- ○ Dann treten wir vom Auftrag heute noch zurück
- ○ „Falls das nicht fertig wird", höre ich den Kunden schreien ...
- ○ und bestellen nicht mal mehr ein einziges Stück!"
- ○ „Dann gibt es Ärger, dann möcht' ich in Ihrer Haut nicht sein!

Soll das schon alles sein in unserm Leben? Wir wollen ab heute endlich wieder was erleben! Immer nur rackern, das hat doch keinen Zweck! Wir sitzen jetzt im Zug, ab heute sind wir weg.

▶ 1 22

1 Lesen Sie den Liedtext und sortieren Sie die Zeilen in den Strophen.
Hören Sie dann das Lied und vergleichen Sie.

2 Und Sie? Würden Sie auch gern einfach mal wegfahren?
Machen Sie Notizen zu den Fragen und erzählen Sie in Gruppen.

Wohin würden Sie fahren? ______
Was würden Sie machen? ______
Wie lange würden Sie wegfahren? ______

Kann ich Ihnen helfen? 7

▶ 1 23 **1 Sehen Sie das Foto an und hören Sie.**
Wo sind die Kinder und was machen sie? Was meinen Sie?

Tierheim | Zirkus | Tierhandlung | Zoo | Bauernhof | …

Ich glaube, die Kinder sind auf einem Bauernhof. Vielleicht machen sie dort Urlaub und füttern die Kaninchen.

2 Haben Sie Haustiere? Hatten Sie als Kind ein Haustier?
Wenn ja, welches? Erzählen Sie.

Als Kind hatte ich einen Hund. Aber momentan habe ich leider zu wenig Zeit.

Hören/Sprechen: Kundenberatungsgespräche: *Ich würde Ihnen empfehlen, …*

Wortfelder: Tiere und Beratung

Grammatik: Infinitiv mit *zu*: *Ich habe keine Zeit, das alles zu übernehmen.*

Bürste/bürsten | Futter/füttern | sauber machen | streicheln | Käfig / Gehege | (Futter-/Wasser-)Napf | Heu

Spiel & Spaß

3 Was passt? Sehen Sie ins Bildlexikon und ergänzen Sie.

Schreiben Sie zu zweit drei eigene Aufgaben und tauschen Sie mit einem anderen Paar.

a Hunde und Katzen fressen aus einem ________________.
b Wenn man das Fell von einem Hund pflegen möchte, braucht man eine ________________.

▶ 1 24

4 Wir wollen uns informieren.

a Was ist richtig? Hören Sie und kreuzen Sie an.

1 Die Familie ist im Tierheim, weil der Vater gern ein Tier hätte. ◯
2 Die Mitarbeiterin erzählt, was man bei der Pflege von Kaninchen beachten muss. ◯
3 Der Vater möchte sich nicht sofort entscheiden. ◯

noch einmal?

b Hören Sie noch einmal und kreuzen Sie an. Es können mehrere Lösungen richtig sein.

1 Die Kinder wollen am liebsten ◯ einen Hund. ◯ ein Kaninchen. ◯ Fische.
2 Die Eltern erlauben nur ◯ einen Hund. ◯ ein Kaninchen. ◯ ein Meerschweinchen.
3 Kaninchen leben am liebsten ◯ allein. ◯ in Gesellschaft.
4 Die Kaninchen muss man ◯ mehrmals am Tag ◯ einmal pro Tag füttern.
5 Man muss mit hohen Kosten für ◯ Gemüse ◯ Heu ◯ Tierarztbesuche rechnen.

AB

5 Habt ihr Lust …?

▶ 1 25

a Ergänzen Sie. Hören Sie und vergleichen Sie dann.

aufzuklären | zu lassen | nachzudenken | zu füttern | zu treffen | zu übernehmen

1 Ich würde Ihnen empfehlen, die Kaninchen mehrere Stunden frei laufen ________________.
2 Ich habe keine Zeit, das alles ________________.
3 Habt ihr ernsthaft Lust, jeden Tag mehrmals die Kaninchen ________________?
4 Es ist unsere Pflicht, Sie vollständig ________________.
5 Ich rate Ihnen, noch einmal über alles ________________.
6 Es ist nicht leicht, so schnell eine Entscheidung ________________.

Spiel & Spaß

b Nach welchen Ausdrücken steht der Infinitiv mit *zu*? Markieren Sie in a und ergänzen Sie.

GRAMMATIK

Habt ihr Lust, jeden Tag die Kaninchen zu füttern?
! nach|denken → Ich rate Ihnen, noch einmal nachzudenken.

Der Infinitivsatz mit *zu* steht nach …
– bestimmten Verben: empfehlen, ________________
(*auch so:* anfangen, aufhören, vergessen, sich vorstellen, …)
– Nomen + *haben*: Zeit haben, ________________
(*auch so:* Angst/Interesse haben, …)
– Konstruktionen mit *es*: es ist unsere Pflicht, ________________
(*auch so:* es ist toll/interessant/anstrengend, es macht Spaß, …)

6 Marissa fängt bald an, mehr Sport zu machen.

Arbeiten Sie auf Seite 87. Ihre Partnerin / Ihr Partner arbeitet auf Seite 90.

● Möhre

● Tierarzt

● Hamster

● Meerschweinchen

● Kaninchen

● Fisch

AB 7 Ein Beratungsgespräch

a **Wer sagt was? Notieren Sie: Verkäufer (V) oder Kunde (K).**

- ◯ Ich suche eine Regenjacke. Können Sie mir eine empfehlen? ___
- ◯ Ich würde die rote Jacke gern einmal anprobieren. ___
- ◯ Hier haben wir eine Regenjacke im Angebot. Ich muss Ihnen aber sagen, dass es bei Regenjacken große Unterschiede gibt. Bei starkem Regen ist diese nicht ganz wasserdicht. Außerdem müssen Sie bedenken, dass Sie in dieser Jacke leicht schwitzen. ___
- ◯ Ja, Sie haben recht. Das wäre gut. ___
- ◯ Kann ich etwas für Sie tun? ___
- ◯ Sie sollten auch noch berücksichtigen, dass die Jacke nicht zu schwer ist. ___
- ◯ Dann kommt das Angebot für mich nicht infrage. ___
- ◯ Dann würde ich Ihnen eine von diesen Jacken empfehlen. Die sind wasserdicht, atmungsaktiv und leicht. Welche Farbe wünschen Sie? ___

▶ 1 26 **b** **Sortieren Sie nun das Beratungsgespräch. Hören Sie und vergleichen Sie dann.**

Diktat **c** **Markieren Sie die passenden Sätze in a und ergänzen Sie.**

Verkäuferin/Verkäufer

Sie sprechen den Kunden an.
_______________ /
Kann ich Ihnen helfen?

Kundin/Kunde

Sie sagen, was Sie möchten.
Ich möchte mich mal bei Ihnen umsehen und informieren. / _______________ /
Ich möchte mir … anschaffen. Und da brauche ich jetzt Ihren Rat.

Sie informieren den Kunden.
Hier haben wir … im Angebot. / Zunächst muss ich Ihnen sagen, dass es bei … große Unterschiede gibt. / Außerdem sollten/müssen Sie bedenken, dass … / _______________
_______________ / Denken Sie daran, … / Vergessen Sie nicht, … /

Sie reagieren auf die Beratung.
_______________ /
Danke, das ist ein guter Hinweis.

Sie empfehlen etwas.
Ich rate Ihnen (also), … /
____

Sie sagen, ob Sie sich entschieden haben oder nicht.
Das muss ich mir zu Hause noch gut überlegen. / Da muss man ja wirklich einiges beachten. / Ich habe mich schon entschieden.
Ich nehme … /
____

d **Rollenspiel: Arbeiten Sie zu zweit auf Seite 88.**

MINI-PROJEKT

AB **8** **Haustiere – Vor- und Nachteile**

interessant?

a Haustiere in Deutschland, Österreich und der Schweiz. Lesen Sie den Infotext. Wie ist das in Ihrem Land? Was meinen Sie?

Die Katze – Königin der Haustiere

Egal, ob in Deutschland, Österreich oder der Schweiz: Die Katze ist das beliebteste Haustier. In Deutschland gibt es über 8 Millionen Katzen, in Österreich und in der Schweiz sind es jeweils circa 1,5 Millionen. Hunde sind in allen drei Ländern auf Platz zwei zu finden: 5,4 Millionen sind es in Deutschland, ungefähr 600 000 in Österreich und fast 500 000 in der Schweiz. Auf Platz drei befinden sich die kleinen Nagetiere wie Hamster, Meerschweinchen und Kaninchen.

b Was halten Sie von Haustieren? Arbeiten Sie in Gruppen, wählen Sie ein Tier und sammeln Sie Vor- und Nachteile. Machen Sie ein Plakat und präsentieren Sie Ihre Ergebnisse im Kurs.

Ein Hund als Haustier

Vorteile	Nachteile
treuer Freund, der immer da ist	man braucht viel Zeit (erziehen, spielen, spazieren gehen)
regelmäßige Bewegung	bei jedem Wetter mit dem Hund rausgehen
passt auf das Haus auf	man muss viel Geld ausgeben (Hundesteuer, Tierarzt, …)
…	Wohin mit dem Hund, wenn man tagsüber arbeiten muss?

Audiotraining | Karaoke

GRAMMATIK

Infinitiv mit zu

Habt ihr Lust, jeden Tag die Kaninchen zu füttern?

! nach|denken → Ich rate Ihnen, noch einmal nachzudenken.

Den Infinitiv mit zu verwendet man nach:

bestimmten Verben: Ich empfehle Ihnen, die Kaninchen frei laufen zu lassen.
auch so: sich vorstellen, raten, anfangen, aufhören, vergessen, …

Nomen + *haben*: Ich habe keine Zeit, das alles zu übernehmen.
auch so: Lust/Angst/Interesse haben, …

Konstruktionen mit *es*: Es ist nicht leicht, eine Entscheidung zu treffen.
auch so: es ist toll/interessant/anstrengend / unsere Pflicht, … / es macht Spaß, …

KOMMUNIKATION

Kundenberatungsgespräche

Kann ich etwas für Sie tun? / Kann ich Ihnen helfen?
Ich möchte mich mal bei Ihnen umsehen und informieren.
Ich suche … Können Sie mir einen/eines/eine empfehlen?
Ich möchte mir … anschaffen. Und da brauche ich jetzt Ihren Rat.
Hier haben wir … im Angebot.
Zunächst muss ich Ihnen sagen, dass es bei … große Unterschiede gibt.
Außerdem sollten/müssen Sie bedenken, dass …
Und Sie sollten auch noch berücksichtigen, dass …
Denken Sie daran, … / Vergessen Sie nicht, …
Danke, das ist ein guter Hinweis. Dann kommt das Angebot für mich nicht infrage. Ja, Sie haben recht.
Ich rate Ihnen (also), … Dann würde ich Ihnen … empfehlen.
Das muss ich mir zu Hause noch gut überlegen.
Da muss man ja wirklich einiges beachten.
Dann würde ich diesen/dieses/diese gern einmal anprobieren.
Ach, ich habe mich schon entschieden. Ich nehme …

Während andere lange nachdenken, … 8

Sprechen: Stellung nehmen: *Das entspricht meinen Fähigkeiten.*

Lesen: Test

Wortfelder: Stärken und Schwächen

Grammatik: Konjunktionen *da, während, bevor*

▶ 1 27 **1 Sehen Sie die Fotos an und hören Sie.**
Welchen Test macht die Person? Was meinen Sie?

Partnertest | Psychotest | Berufsfindungstest | Intelligenztest | …

2 Welches Bild gefällt Ihnen am besten?

• Murmeln | • Uhrwerk | • Wasserhahn | • Hundebaby

Mir gefällt … am besten. …

teamfähig | flexibel | unordentlich | unorganisiert | unpünktlich

AB **3** **Test: Welcher Beruf passt zu mir?**

Beruf

a Lesen Sie die Fragen und kreuzen Sie an: Welche Antwort passt am besten zu Ihnen?

Info

Sie wissen noch nicht, was Sie später einmal werden wollen? Sie wollen herausfinden, für welchen Beruf Sie geeignet sind? Dann machen Sie den Test!

Und so geht's: *Test ausfüllen (jeweils nur ein Kreuzchen!) – Punkte zusammenzählen – Auswertung lesen*

Frage 1 von 8 — Punkte

Welches Bild gefällt Ihnen am besten?

- ◯ Hundebaby — 4
- ◯ Wasserhahn — 2
- ◯ Uhrwerk — 1
- ◯ Murmeln — 3

Frage 2 von 8

Sie wollen einer Freundin / einem Freund im Haushalt helfen. Welche Arbeit übernehmen Sie?

- ◯ Ich mähe den Rasen. — 2
- ◯ Ich koche ein leckeres Gericht. — 4
- ◯ Ich mache sauber oder räume auf. — 3
- ◯ Ich repariere kaputte Sachen. — 1

Frage 3 von 8

Was machen Sie in Ihrer Freizeit am liebsten?

- ◯ Ich treffe mich mit Freunden in einem Café oder gehe auf eine Party. — 4
- ◯ Ich lese ein gutes Buch. — 3
- ◯ Ich mache Sport. — 2
- ◯ Ich faulenze, sehe fern und esse Chips. — 1

Frage 4 von 8

Sie müssen ein Regal aufbauen. Wie gehen Sie vor?

- ◯ Ich lasse das lieber jemand anderen machen. — 4
- ◯ Ich mache es selbst, auch wenn es schwierig ist. — 3
- ◯ Ich baue es genau nach Gebrauchsanweisung. — 1
- ◯ Ich brauche keine Anleitung – Wasserwaage und Hammer genügen. — 2

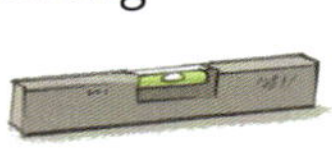

Frage 5 von 8 — Punkte

Wie würden Sie sich selbst beschreiben?

- ◯ freundlich und hilfsbereit — 4
- ◯ kontaktfreudig und lustig — 3
- ◯ zielstrebig und diszipliniert — 1
- ◯ optimistisch und ehrlich — 2

Frage 6 von 8

Arbeit macht so richtig Spaß, wenn …

- ◯ … ich anderen Menschen helfen kann. — 4
- ◯ … ich richtig zupacken muss – auch wenn ich dabei schmutzig werde. — 2
- ◯ … ich eigene Ideen einbringen kann. — 3
- ◯ … ich konkrete Lösungen für praktische Probleme finden muss. — 1

Frage 7 von 8

Welcher Beruf hat Ihnen als Kind am besten gefallen?

- ◯ Astronaut/in — 1
- ◯ Feuerwehrmann/Feuerwehrfrau — 2
- ◯ Tierarzt/Tierärztin — 4
- ◯ Schriftsteller/in — 3

Frage 8 von 8

Wie verhalten Sie sich allein auf einer Party?

- ◯ Ich gehe selten allein auf eine Party. Lieber nehme ich einen Freund mit, der sonst allein zu Hause ist. — 4
- ◯ Ich stehe schüchtern in der Ecke und halte mich an meinem Glas fest. — 1
- ◯ Ich rede mit möglichst vielen Leuten, auch mit Fremden. — 3
- ◯ Ich rede nur mit Leuten, die ich kenne. — 2

kontaktfreudig | zuverlässig | hilfsbereit | freundlich | höflich | gestresst

interessant?

b **Zählen Sie Ihre Punkte und lesen Sie die passende Auswertung.**

8–14 Punkte: Der technische Typ
Bevor Sie nicht herausgefunden haben, wie etwas funktioniert, geben Sie keine Ruhe. Dabei können Sie stundenlang vor sich hin arbeiten. Kontakt mit Menschen oder Abwechslung sind Ihnen nicht so wichtig. Für Sie eignen sich alle technischen Berufe und naturwissenschaftlichen Studiengänge.

15–20 Punkte: Der handwerkliche Typ
Es macht Ihnen nichts aus, auch mal schmutzig zu werden – Hauptsache, Sie haben Spaß an der Arbeit. Während andere noch nachdenken, haben Sie die Arbeit schon erledigt. Für Sie ist ein Ausbildungsberuf besser als ein Studium, da Sie nicht gern am Schreibtisch sitzen.

21–26 Punkte: Der kreative Typ
Ihr Motto: Bloß keine Langeweile aufkommen lassen! Sie brauchen einen Beruf, der viel Abwechslung mit sich bringt. Da Sie Ihre Freiheit lieben und gern Ihren Kopf durchsetzen, ist eine selbstständige Arbeit die richtige für Sie. Designer, Architekt oder auch Journalist sind Berufe, die gut zu Ihnen passen.

27–32 Punkte: Der soziale Typ
Während Sie kochen, überlegen Sie genau, wem was schmeckt. Bevor es nicht *allen* gut geht, geht es Ihnen auch nicht gut. Kontakt mit Menschen ist Ihnen sehr wichtig, da Sie nicht gern allein sind. Für Sie kommen alle Pflegeberufe infrage. Außerdem Studiengänge wie Pädagogik, soziale Arbeit oder Psychologie.

GRAMMATIK

da ≈ weil
Für Sie ist ein Ausbildungsberuf besser als ein Studium, da Sie nicht gern am Schreibtisch sitzen.

Diktat

c **Passt das Ergebnis zu Ihnen?**
Machen Sie Notizen zu den Fragen und erzählen Sie.

(1) Welcher Typ sind Sie? (2) Passt das zu Ihnen? (3) Warum / Warum nicht?

KOMMUNIKATION

Das Ergebnis / Der Test sagt, dass ich ein … Typ bin.
Das kann ich mir gar nicht / gut vorstellen.
Das hätte ich nicht erwartet. / Das passt sehr gut / überhaupt nicht.
Das entspricht meinen Fähigkeiten / mir (nicht).
Für technische/soziale/… Berufe bin ich sehr gut / eher nicht geeignet.
Da ich gern mit meinen Händen arbeite, passt das Ergebnis überhaupt nicht / gut zu mir.
Ich denke eher, dass ich technisch/handwerklich/… begabt bin.

4 Wörter im Text verstehen: Arbeiten Sie zu zweit auf Seite 89.

AB

Spiel & Spaß

5 *bevor* und *während*

Welche Zeichnung passt? Verbinden Sie. Arbeiten Sie dann zu zweit auf Seite 91.

GRAMMATIK

	Handlung A	**Handlung B**
Handlung A findet vor Handlung B statt:	Ich frühstücke,	bevor ich zur Arbeit fahre.
Die Handlungen A und B finden gleichzeitig statt:	Ich frühstücke,	während ich zur Arbeit fahre.

A

B

AB **6 Berufsberatung**

Spiel & Spaß

a Was sind Ihre Stärken und Schwächen? Notieren Sie. Hilfe finden Sie im Bildlexikon.

Stärken ☺	Schwächen ☹
1 bin gern mit Menschen zusammen	1 nicht besonders kreativ
2 teamfähig	2 ungeduldig
3 hilfsbereit	3 unordentlich
4 arbeite gern mit meinen Händen	4 ...

b Arbeiten Sie in Gruppen. Erzählen Sie von Ihren Stärken und Schwächen. Welche Berufe passen dazu?

■ Ich bin gern mit Menschen zusammen. Ich bin teamfähig und kann mir nicht vorstellen, allein zu arbeiten. Außerdem bin ich hilfsbereit und arbeite gern mit meinen Händen. Besonders kreativ bin ich nicht. Und ich bin nicht geduldig und leider auch ziemlich unordentlich.
▲ Vielleicht solltest du Krankenpfleger werden?
● Nein, das passt nicht, aber ...

Audiotraining | Karaoke

GRAMMATIK

Konjunktion *da*

	Grund	
Für Sie ist ein Ausbildungsberuf besser als ein Studium,	da Sie nicht gern am Schreibtisch	sitzen.

Konjunktionen *bevor* und *während*

	Handlung A	Handlung B	
Handlung A findet vor Handlung B statt.	Ich frühstücke,	bevor ich zur Arbeit	fahre.
Die Handlungen A und B finden gleichzeitig statt.	Ich frühstücke,	während ich zur Arbeit	fahre.

KOMMUNIKATION

Stellung nehmen

Das Ergebnis / Der Test sagt, dass ich ein ... Typ bin.
Das kann ich mir gar nicht / gut vorstellen.
Das hätte ich nicht erwartet.
Das passt sehr gut / überhaupt nicht.
Das entspricht meinen Fähigkeiten / mir (nicht).
Für technische/soziale/... Berufe bin ich sehr gut / eher nicht geeignet.
Da ich gern mit meinen Händen arbeite, passt das Ergebnis überhaupt nicht / gut zu mir.
Ich denke eher, dass ich technisch/handwerklich/... begabt bin.

Sport trägt zu einem größeren Wohlbefinden bei. 9

Hören/Sprechen: eine Präsentation halten: *Und damit komme ich zum nächsten Punkt.*

Lesen: Programm zur Gesundheitsförderung

Wortfelder: Gesundheit, Sport, Ernährung

Grammatik: Adjektivdeklination mit Komparativ und Superlativ: *der beste Arbeitsplatz*

1 Schließ deine Augen!

a Sehen Sie das Foto an. Wo ist der Mann und was macht er? Was meinen Sie?

Ich vermute, dass der Mann sehr viel Stress hat und Entspannung braucht. Er ist …

▶ 1 28 **b** Hören Sie und vergleichen Sie mit Ihren Vermutungen aus **a**.

2 Wie ist das bei Ihnen? Erzählen Sie.

Ich mache mit einigen Kollegen oft Sport in der Mittagspause. Wir spielen Tischtennis.

AB **3** **Sie möchten etwas für Ihre Gesundheit tun. Was können Sie machen?**
Sammeln Sie Ideen. Hilfe finden Sie auch im Bildlexikon.

Spiel & Spaß

AB **4** **Regeln im Unternehmen**

interessant?

a **Zu welchem Thema passen die Regeln? Überfliegen Sie die Regeln und ordnen Sie zu.**

Arbeitsbedingungen: 1, 8, ______ Ernährung: ______
Bewegung/Entspannung: ______ Beratung: ______

Die Unternehmensleitung informiert:
Die Gesundheit und Zufriedenheit von unseren Mitarbeitern stehen an erster Stelle.

Unsere 10 Goldenen Regeln:

1) DER BESTE ARBEITSPLATZ
Wir wollen, dass Sie sich bei uns wohlfühlen. Sitzen Sie lieber auf einem Ball oder auf einem Schreibtischstuhl? Hätten Sie gern längere oder kürzere Pausen? Wir erarbeiten gemeinsam mit Ihnen Ihre individuellen Arbeitsbedingungen.

2) RICHTIGES ESSEN
In unserer Kantine finden Sie gesunde Mahlzeiten, die wir nach den neuesten wissenschaftlichen Erkenntnissen zusammenstellen. Auch Allergiker und Vegetarier sind bei uns bestens versorgt!

3) WASSER IST LEBEN
Versorgen Sie Ihren Körper und den Kreislauf mit Wasser! Wir bieten auf jeder Etage an mehreren Orten Flaschen mit frischem Wasser an.

4) REGELMÄSSIGES TRAINING
Sport stärkt die Abwehrkräfte, reduziert Stress und trägt zu einem größeren Wohlbefinden bei. Nutzen Sie unser Fitnessangebot. Sie können aus verschiedenen Angeboten von Aerobic bis Zumba Ihr persönliches Programm zusammenstellen.

5) FRISCHE LUFT UND LICHT
Sie sitzen die meiste Zeit in Ihrem Büro? Sauerstoff macht munter und fit! Daher finden die meisten unserer Fitnessangebote im Freien statt.

6) ZUM AUSGLEICH: ENTSPANNUNG
Machen Sie mindestens eine kurze Entspannungsübung pro Tag. Anleitungen finden Sie in unserem Intranet.

7) RISIKO SUCHTMITTEL
Tatsache ist, dass jede Schachtel Zigaretten Ihrer Gesundheit schadet! Nutzen Sie unsere Angebote und werden Sie Nichtraucher. Unsere Ansprechpartnerin für Suchtverhalten ist immer für Sie da.

8) GESUNDE BEZIEHUNGEN
Die Arbeitswelt ist ein Netzwerk aus Beziehungen. Ein wichtiger Faktor für Gesundheit ist, dass wir uns in diesem Netz wohlfühlen. Wir unterstützen Sie mit Weiterbildungsangeboten!

9) JA ZUM LEBEN
Menschen, die positiv und selbstbewusst im Leben stehen, sind weniger anfällig für Stress. Unser psychologisches Expertenteam ist für Sie da, wenn die Situation mal etwas schwieriger wird.

10) VEREINBARKEIT VON FAMILIE UND BERUF
Wir wollen unser Unternehmen noch familienfreundlicher machen: Homeoffice, unser Kinderhaus, Angebote für Arbeitnehmer ab 55 und vieles mehr. Sprechen Sie mit unserer Personalabteilung über Ihre Bedürfnisse.

● Bewegung ● Entspannung wenig ● Stress ● Fitness ● Vegetarierin ● Allergiker ● Pause

b **Was ist richtig? Lesen Sie den Text noch einmal und kreuzen Sie an.**

1 Bei den Arbeitsbedingungen sind individuelle Lösungen möglich. ○
2 In der Kantine gibt es gesunde und vegetarische Mahlzeiten. Nur Allergiker kann die Firma nicht berücksichtigen. ○
3 Die Mitarbeiter können zwischen verschiedenen Fitnessangeboten wählen, die alle im Freien stattfinden. ○
4 Im Intranet werden Anleitungen zu kurzen Entspannungsübungen angeboten. ○
5 Alle Mitarbeiter, die mit dem Rauchen aufhören wollen, können dabei Unterstützung erhalten. ○
6 Es gibt Seminare, in denen es um das Verhältnis der Kollegen untereinander geht. ○
7 In schwierigen Zeiten kann man auch psychologische Beratung bekommen. ○
8 Das Unternehmen hilft den Mitarbeitern dabei, Karriere und Familie zu verbinden. ○

AB **5** **Lesen Sie die Tabelle und ergänzen Sie.**

a Der __________ (gut +++) Arbeitsplatz der Welt.
b Hätten Sie gern __________ (lang ++) oder __________ (kurz ++) Pausen?
c Unsere Mahlzeiten stellen wir nach den neuesten (neu +++) wissenschaftlichen Erkenntnissen zusammen.
d Sport trägt zu einem __________ (groß ++) Wohlbefinden bei.

WIEDERHOLUNG

GRAMMATIK

+	++	+++
klein	kleiner	am kleinsten
! gut	besser	am besten

Spiel & Spaß

GRAMMATIK

Adjektivdeklination: Komparativ (++) und Superlativ (+++)

	Nominativ		Akkusativ		Dativ		
●	der	kleinere/kleinste	den	kleineren/kleinsten	dem	kleineren/kleinsten	Stuhl
	ein	kleinerer	einen	kleineren	einem	kleineren	
●	das	kleinere/kleinste	das	kleinere/kleinste	dem	kleineren/kleinsten	Haus
	ein	kleineres	ein	kleineres	einem	kleineren	
●	die	kleinere/kleinste	die	kleinere/kleinste	der	kleineren/kleinsten	Hand
	eine	kleinere	eine	kleinere	einer	kleineren	
●	die	kleineren/kleinsten	die	kleineren/kleinsten	den	kleineren/kleinsten	Stühle(n)
	–	kleinere/kleinste	–	kleinere/kleinste	–	kleineren/kleinsten	

6 **Welche Regeln wären Ihnen am wichtigsten?**
Arbeiten Sie zu viert. Notieren Sie zwei Regeln aus dem Text in 4a, die Ihnen wichtig sind. Einigen Sie sich dann in Ihrer Gruppe auf die drei wichtigsten Regeln.

■ Mir ist der fünfte Punkt sehr wichtig. Ich werde schnell müde, wenn ich zu wenig draußen an der frischen Luft bin.
▲ Das ist für mich nicht so wichtig. Ich habe eine kleine Tochter und würde gern wieder arbeiten. Deshalb ist mir die Regel zehn am allerwichtigsten. …

regelmäßige • Mahlzeiten | gesunde • Nahrungsmittel | • Aerobic | gute • Abwehrkräfte | • Tageslicht | • Sauerstoff / frische • Luf

▶ 1 29 AB

7 Ich möchte Ihnen unser Konzept vorstellen.

a Lesen Sie, hören Sie die Präsentation und sortieren Sie die Folien.

Der Traditionsbetrieb *Fürstenrieder Confiserie* nahm heute einen Preis für „Vorbildliches Gesundheitsmanagement im Betrieb“ entgegen. Der Preis wird jährlich von den Krankenkassen verliehen. Der Geschäftsführer Jürgen Hartmann bedankt sich und erläutert sein Konzept.

FÜRSTENRIEDER CONFISERIE

○ Unser Gesundheitsmanagement: Die „10 Goldenen Regeln“
FÜRSTENRIEDER CONFISERIE

1 Leitsatz der *Fürstenrieder Confiserie:* „Die Gesundheit und Zufriedenheit von unseren Mitarbeitern stehen an erster Stelle“.
FÜRSTENRIEDER CONFISERIE

○ Weitere Informationen und Dank
FÜRSTENRIEDER CONFISERIE

○ Vorteile und Umsetzung
FÜRSTENRIEDER CONFISERIE

○ Nur mit gesunden und zufriedenen Mitarbeitern kann unser Betrieb in Zukunft funktionieren.
FÜRSTENRIEDER CONFISERIE

noch einmal?

b Hören Sie noch einmal und verbinden Sie.

1 Der Geschäftsführer Jürgen Hartmann hält einen Vortrag,
2 Das Unternehmen rechnet damit,
3 Der Betrieb mit älteren Mitarbeitern funktioniert nur,
4 Die „10 Goldenen Regeln“ werden
5 Das Konzept bringt dem Unternehmen Vorteile:
6 Das Konzept verursacht Kosten,

dass das Durchschnittsalter von den Mitarbeitern in wenigen Jahren steigen wird.
von den Mitarbeitern schon in die Praxis umgesetzt.
weil das Unternehmen *Fürstenrieder Confiserie* einen Preis für sein Gesundheitsmanagement erhalten hat.
Die Mitarbeiter sind seltener krank.
aber kranke Mitarbeiter sind noch teurer.
wenn die Mitarbeiter gesund bleiben.

Bewegung • Entspannung • wenig Stress • Fitness • Vegetarierin • Allergiker • Pause

AB **8** **Soll man das Rauchen in allen Betrieben verbieten?**

a **Sie wollen das Thema präsentieren. Was wollen Sie sagen? Machen Sie Notizen.**

1 Meine persönlichen Erfahrungen: *rauche nicht, arbeite im Büro, …*
2 Raucher und Nichtraucher in meinem Heimatland: *viele Raucher, am Arbeitsplatz nicht verboten …*
3 Vor- und Nachteile und meine Meinung: *bin für ein Rauchverbot*

Diktat

b **Für Ihre Präsentation finden Sie hier fünf Folien. Welche Redemittel wollen Sie bei den Folien verwenden? Lesen Sie die Anweisungen und notieren Sie die Redemittel auf Kärtchen.**

(1) Soll man das Rauchen in allen Betrieben verbieten?

(2) Meine persönlichen Erfahrungen

(3) Raucher und Nichtraucher in meinem Heimatland

(4) Vor- und Nachteile & meine Meinung

(5) Abschluss & Dank

1 Stellen Sie Ihr Thema vor.
Erklären Sie den Inhalt und die Struktur Ihrer Präsentation.

2 Berichten Sie von Ihrer Situation oder einem Erlebnis im Zusammenhang mit dem Thema.

3 Berichten Sie von der Situation in Ihrem Heimatland und geben Sie Beispiele.

4 Nennen Sie Vor- und Nachteile und sagen Sie dazu Ihre Meinung.
Geben Sie auch Beispiele.

5 Beenden Sie Ihre Präsentation und bedanken Sie sich bei den Zuhörern.

KOMMUNIKATION

In meiner Präsentation geht es um das Thema …
Zum Inhalt meiner Präsentation: Zunächst/Zuerst möchte ich Ihnen erläutern, …
Danach zeige ich Ihnen …
Anschließend möchte ich auf … eingehen.
Zum Schluss können Sie natürlich Fragen stellen.
Und damit/nun komme ich zum nächsten/letzten Punkt / zu meinen persönlichen Erfahrungen / zur Situation in meinem Heimatland / zu den Vor- und Nachteilen.
Als ich das letzte Mal …, habe ich Folgendes erlebt: …
Ich habe die Erfahrung gemacht, dass …
… spielt eine große Rolle / keine Rolle in meinem Heimatland.
Meiner Ansicht/Meinung nach …
Ich bin nun mit meinem Vortrag am Ende. Haben Sie noch Fragen?
Ich danke Ihnen fürs Zuhören. / Besten Dank für Ihre Aufmerksamkeit. / Ihr Interesse.

c **Üben Sie Ihre Präsentation erst zu zweit. Halten Sie sie dann im Kurs.**

In meiner Präsentation geht es um das Thema Rauchen im Betrieb. Zunächst möchte ich Ihnen erläutern, …

9 SCHREIBTRAINING

AB **9** **Entspannungsübungen**

▶ 1 30 **a** Welche Anweisungen hören Sie? Hören Sie die Büro-Tiefenentspannung noch einmal und markieren Sie.

Leg/Setz/Stell dich bequem hin! | Schließ deine Augen! | Atme einige Male tief ein und aus! | Zieh die Schultern hoch! | Spann die Schultern an! | Spür die Anspannung! | Lass die Schultern langsam sinken! | Spür die Entspannung! | Senk den Kopf nach vorne! | Bring den Kopf wieder zur Mitte! | Entspann dein Gesicht! | Falt die Hände hinter dem Kopf! | Heb den Brustkorb langsam! | Halt den Brustkorb oben! | Senk den Brustkorb wieder!

b Schreiben Sie eine eigene Entspannungsübung. Lesen Sie sie dann vor. Ihre Partnerin / Ihr Partner probiert die Übung aus.

Audiotraining | Karaoke

GRAMMATIK

Adjektivdeklination: Komparativ (++) und Superlativ (+++)

	Nominativ	Akkusativ	Dativ	
●	der kleinere/ kleinste ein kleinerer	den kleineren/ kleinsten einen kleineren	dem kleineren/ kleinsten einem kleineren	Stuhl
●	das kleinere/ kleinste ein kleineres	das kleinere/ kleinste ein kleineres	dem kleineren/ kleinsten einem kleineren	Haus
●	die kleinere/ kleinste eine kleinere	die kleinere/ kleinste eine kleinere	der kleineren/ kleinsten einer kleineren	Hand
●	die kleineren/ kleinsten – kleinere/ kleinste	die kleineren/ kleinsten – kleinere/ kleinste	den kleineren/ kleinsten – kleineren/ kleinsten	Stühle(n)

KOMMUNIKATION

eine Präsentation halten

Einleitung

In meiner Präsentation geht es um das Thema ...
Zum Inhalt meiner Präsentation:
Zunächst/Zuerst möchte ich Ihnen erläutern, ...
Danach zeige ich Ihnen ...
Anschließend möchte ich auf ... eingehen.
Abschließend können Sie Fragen stellen.

Übergänge

Und damit/nun komme ich zum nächsten/ letzten Punkt / zu meinen persönlichen Erfahrungen / zur Situation in meinem Heimatland / zu den Vor- und Nachteilen.
Als ich das letzte Mal ..., habe ich Folgendes erlebt: ...
Ich habe die Erfahrung gemacht, dass ...
... spielt eine große Rolle / keine Rolle in meinem Heimatland.
Meiner Ansicht/Meinung nach ...

Abschluss

Ich bin nun mit meinem Vortrag am Ende. Haben Sie noch Fragen?
Ich danke Ihnen fürs Zuhören! / Besten Dank für Ihre Aufmerksamkeit. / Ihr Interesse.

Strick ist schick!

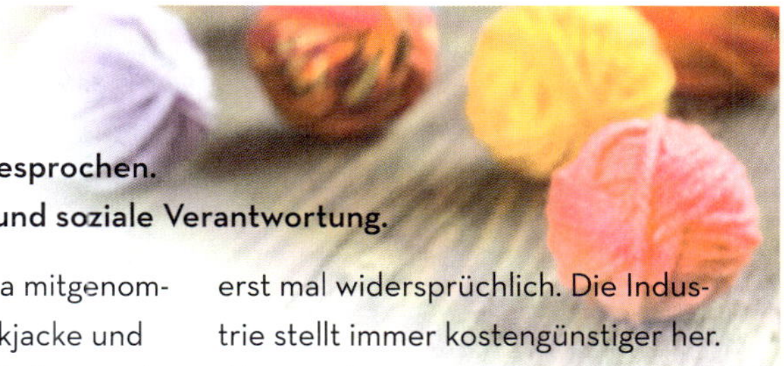

STARTup! hat mit dem Jungunternehmer Patrick Beeking gesprochen. Ein Gespräch über strickende Männer, regionale Produkte und soziale Verantwortung.

Nachdem Stricken lange ein Hobby für Großmütter war, erlebt Gestricktes plötzlich eine ungeahnte Renaissance. Selbst Männer trauen sich an die Nadeln. Patrick Beeking hat daraus sogar seinen Beruf gemacht und ein Unternehmen gegründet. Wir treffen ihn in einem ehemaligen Bauernhof. An langen Tischen sitzen Männer und Frauen und stricken.

Herr Beeking, strickende Männer? Ein ungewöhnlicher Anblick. Wie kam es dazu?

Tja, das ist eine lustige Geschichte. Nach der Schule hatte ich Schwierigkeiten, mich auf einen Beruf festzulegen. Also habe ich mich entschieden, zuerst eine Reise zu machen. Das war die beste Entscheidung meines Lebens.

Und dann?

Ich bin nach Südamerika geflogen, um dort zu wandern. Da ich kein Geld hatte, um mir neue Kleidung zu kaufen, habe ich selbst gestrickte Sachen von meiner Oma mitgenommen: Socken, eine Strickjacke und eine Mütze. Unterwegs haben mich dann viele Wanderer auf die schönen Sachen angesprochen. Manchen habe ich versprochen, meine Oma zu fragen, ob sie ihnen auch etwas strickt. Ich habe den Leuten die Sachen dann später geschickt. Aber bald wurde das meiner Oma zu viel. Also habe ich andere Frauen im Dorf gebeten, mitzumachen. Dann haben wir auch Geld verlangt.

Wie finden Sie Ihre Kunden?

Unser Hauptgeschäft läuft über die Homepage. Man kann aber auch telefonisch bestellen oder im Hofladen vorbeikommen.

Wer kauft bei Ihnen ein?

Vielen ist es wichtig, zu wissen, wo etwas hergestellt wird. Sie kaufen lieber regionale Produkte als Kleidung, die etwa durch Kinderarbeit hergestellt wurde.

Ist Ihre Kleidung nicht sehr teuer?

Meiner Ansicht nach ist es billiger, teurere Ware zu kaufen. Das klingt erst mal widersprüchlich. Die Industrie stellt immer kostengünstiger her. Aber wir bieten noch gute, alte Handarbeit an, die ein Leben lang hält. Das ist langfristig billiger.

Herr Beeking, wäre es nicht billiger, im Ausland zu produzieren?

Das schon. Aber ich finde es wichtig, als Unternehmer auch soziale Verantwortung zu übernehmen. Es ist doch schön, dass unsere älteren Dorfbewohner wieder eine Aufgabe haben. Sie werden gebraucht, kommen in Kontakt und geben ihr Wissen weiter.

Was würden Sie anderen empfehlen, die ein Start-up gründen wollen?

Am wichtigsten ist es, von der eigenen Idee überzeugt zu sein. Außerdem kann ich nur empfehlen, jemanden dazu zu holen, der sich gut mit Finanzen auskennt. Und denken Sie daran, dass es zwar anstrengend ist, selbstständig zu sein, aber dafür ist man auch freier.

1 Was ist richtig? Lesen Sie das Interview und kreuzen Sie an.

a Patrick Beeking wusste nach der Schule ○ ganz genau, ○ nicht so genau, in welcher Branche er arbeiten wollte.
b Seine Oma hat mit dem Stricken ○ Geld ○ kein Geld verdient.
c Viele Kunden sind ○ sehr ○ nicht besonders daran interessiert, wie die Produktionsbedingungen aussehen.
d Der Verkaufspreis seiner Handarbeiten ist ○ niedriger ○ höher als der von Industriewaren.
e Patrick denkt ○ manchmal ○ nicht über eine Produktion im Ausland nach.

2 Wie finden Sie die Geschäftsidee von Patrick Beeking?

▶ Clip 3

1 Hueber – Freude an Sprachen

a **Sehen Sie den Anfang des Films (bis 0:35) und beantworten Sie die Fragen.**

1 Welche Sprachen erkennen Sie?
2 Was macht der Hueber Verlag?

b **Was passt? Was meinen Sie? Ordnen Sie zu.**
Sehen Sie dann den Film weiter (0:36 – 1:45) und vergleichen Sie.

○ 
Michaela Hueber

○ 
Max Hueber

○ 
Ernst Hueber

1 gründet 1921 den Verlag und verlegt bis zum 2. Weltkrieg einige hundert Titel.

2 baut den Verlag nach dem 2. Weltkrieg wieder auf und legt den Schwerpunkt der Arbeit auf Fremdsprachen.

3 führt als Enkelkind des Firmengründers heute das Unternehmen.

2 Die Produkte

a **Was ist richtig? Diskutieren Sie mit Ihrer Partnerin / Ihrem Partner und kreuzen Sie an.**

1 Die „Deutsche Sprachlehre für Ausländer" war früher das Standardlehrwerk für Deutsch als Fremdsprache. ○
2 Sprachlernmaterialien in gedruckter Form gibt es nicht mehr so häufig. ○
3 Seit Anfang der 90er-Jahre hat der Verlag im Online-Bereich auch interaktive Sprachlernmaterialien im Angebot. ○
4 Auch für Tablet- und Smartphone-Nutzer gibt es Materialien. ○

▶ Clip 3 **b** **Sehen Sie dann den Film weiter (1:46 – 3:00) und vergleichen Sie.**

▶ Clip 3

3 Das Familienunternehmen

a **Welche Angebote hat der Verlag für die Mitarbeiter? Sehen Sie den Film ohne Ton weiter (ab 3:01), notieren Sie und vergleichen Sie mit Ihrer Partnerin / Ihrem Partner.**

b **Sehen Sie den Rest des Films nun mit Ton (ab 3:01) und vergleichen Sie mit Ihren Notizen aus a.**

c **Und Sie? Welche Sprachen sprechen Sie und welche würden Sie gern noch lernen?**

Arbeitgeberattraktivität – was Mitarbeiter anzieht

Unternehmen müssen heute einiges bieten, wenn sie die besten Mitarbeiter anlocken und auch für eine lange Zeit halten wollen. Doch welche Faktoren machen einen attraktiven Arbeitgeber aus?

Geld allein macht nicht glücklich

Ob ein Arbeitgeber attraktiv ist, hängt von den persönlichen Erwartungen einer Mitarbeiterin / eines Mitarbeiters ab. Zahlreiche Untersuchungen, die sich mit den unterschiedlichsten Aspekten von Arbeitgeberattraktivität beschäftigt haben, nennen folgende Faktoren, die einen attraktiven Arbeitgeber ausmachen: angemessenes Gehalt, interessante Aufgaben, gute Aufstiegsperspektiven innerhalb des Unternehmens, Weiterbildungsangebote, ein gutes Betriebsklima und Kollegialität, Wertschätzung und Anerkennung, Klarheit und Transparenz in der Kommunikation und Information, hohe Eigenverantwortung, flexible Arbeitszeiten, Familienfreundlichkeit etc. Außerdem gewinnen freiwillige Nebenleistungen wie betriebliche Gesundheits- oder Altersvorsorgeprogramme ebenfalls an Bedeutung.

Interessant ist, dass das Gehalt zwar eine wichtige, aber nicht alles entscheidende Rolle hat. Was sich Mitarbeiter vor allem wünschen, sind die sogenannten weichen Faktoren. Besonders hoch im Kurs stehen flexible Arbeitszeitmodelle, eine sinnvolle Tätigkeit, der Wunsch nach Freiheit, Individualität und Selbstverwirklichung sowie ein interessantes Netzwerk von Kollegen.

1 Welche Faktoren spielen bei der Wahl des Arbeitgebers eine Rolle?
Lesen Sie und markieren Sie.

2 Unser perfekter Arbeitgeber

a Welche Faktoren sind Ihnen wichtig? Sammeln Sie in Gruppen.

b Machen Sie ein Poster: Suchen Sie passende Bilder/Fotos und schreiben Sie Texte. Präsentieren Sie Ihren perfekten Arbeitgeber im Kurs.

Ich kenn' da ein Hotel

Refrain
Ich kenn' da ein Hotel ...
Dort kriegen Sie ganz gewiss
den allerbesten Service,
dazu täglich Vollpension.
Ich weiß das, denn ich wohn' da schon!

Es gibt nur einen Haken,
nein, keine Kakerlaken!
Oft kommt die Chefin auf mein Zimmer
und die Gute nörgelt immer:

1 „Hör auf, dein Radio laut zu drehen!
Versuch doch, früher ______________________!

Ich bitte dich, jetzt aufzuräumen,
und das nicht ständig ______________________!

Ich hasse es, dich ______________________,
doch musst du deine Zukunft planen!

Auf Folgendes muss ich bestehen:
Die Socken vor dem Waschen ______________________!

2 Es wäre ratsam, öfter mal ______________________!
Trag deine Hose nicht auf deinen Hüften!

Es ist nicht gut, nur Chips ______________________,
und doof, das Zähneputzen ______________________!

Ich verbiete dir noch, ______________________,
bis spät nachts noch ______________________!"

Das klingt schrecklich – ich geb's zu!
Die Gute lässt mich nie in Ruh'.

3 Doch der Rest ist ganz famos
und mein Zimmer kostenlos!
Außerdem das Positive:
Wäschewaschen inklusive!

Klingt das nicht alles wunderbar?
Wie das Hotel heißt? Ist doch klar:
Es heißt „Hotel Mama"!

▶ 1 31 **1** **Ergänzen Sie die passenden Infinitive mit *zu*.**
Hören Sie dann das Lied und vergleichen Sie.

~~aufräumen~~ | aufstehen | ausgehen | ~~drehen~~ | ermahnen | essen | fernsehen | lüften | umdrehen | vergessen | versäumen

▶ 1 31 **2** **Hören Sie das Lied noch einmal und singen Sie mit.**

Hätte ich das bloß anders gemacht! 10

Hören/Sprechen: Enttäuschung ausdrücken: *Ich habe mich so geärgert!*; auf Enttäuschung reagieren: *Oh je, das ist ja wirklich dumm gelaufen.*

Schreiben: Kommentar

Wortfeld: Pannen im Alltag

Grammatik: Konjunktiv II Vergangenheit: *Hätte ich doch bloß … !*

1 Jetzt seid ihr dran!

a Sehen Sie das Foto an. Wo ist der Mann und was macht er? Was meinen Sie?

▶ 1 32 **b** Hören Sie und vergleichen Sie mit Ihren Vermutungen in **a**.

2 Und Sie? Erzählen Sie.

a Hören Sie gern Radio? Wann und wie oft?
b Was hören Sie im Radio?
c Haben Sie schon einmal in einer Radiosendung angerufen oder eine E-Mail an einen Radiosender geschrieben?

● Bus verpassen

● Portemonnaie vergessen

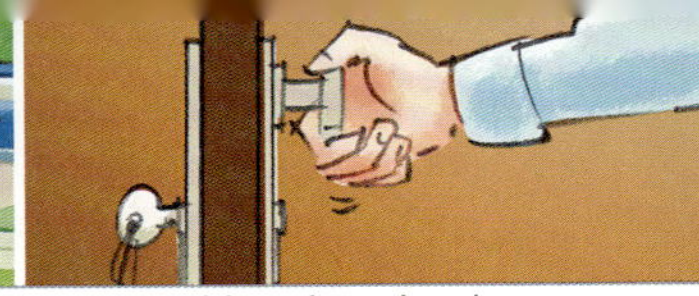

● Schlüssel stecken lassen

● Benzintank ist leer

AB **3** **Dumm gelaufen!**

▶ 1 33–36 **a** **Wovon erzählen die vier Zuhörer? Hören Sie die Radiosendung und ordnen Sie die Sätze den Radiobeiträgen zu. Nicht alle Sätze passen.**

(2) Von einer Rede, die man nicht gehalten hat. | ◯ Von einem Traummann, den man nicht angesprochen hat. | ◯ Von einer Wohnung, für die man sich zu spät entschieden hat. | ◯ Von einer Freundin, die Probleme mit ihrer Wohnung hat. | ◯ Von einer Hochzeit, zu der man zu spät kommt. | ◯ Von einer Rede, die dem Vater nicht gefallen hat. | Von einem Mann, der sich unglücklich verliebt hat. | ◯ Von einem Bus, den man verpasst hat, und einer nassen Trauzeugin.

▶ 1 33–36 **b** **Hören Sie noch einmal und korrigieren Sie.**

noch einmal?

1 Gleich die erste Wohnung, die Daniel und seine Freundin besichtigt haben, war perfekt. Aber Daniel wollte auf keinen Fall die erste Wohnung nehmen, weshalb sie noch weitere Wohnungen besichtigt haben.
Am liebsten wären sie in die letzte Wohnung gezogen, die sie besichtigt haben, aber die war leider schon weg.

2 Lisa hat an der Rede zum 50. Geburtstag von ihrem Vater wochenlang geschrieben.
Sie hat die Rede nicht gehalten, weil sie zu ~~schlecht vorbereitet~~ war. *nervös*

3 Annette musste im strömenden Regen über eine Viertelstunde auf den nächsten Bus warten.
Zur Hochzeit von ihrer besten Freundin hat sie es noch geschafft. Aber das Kleid war völlig ruiniert.

4 Iris hat ihren Traummann in einer Bar getroffen und ihn angesprochen.
Später trifft sie den Mann zufällig auf einer Party wieder. Er und eine Bekannte von Iris sind jetzt ein Paar.
Im Gespräch bemerkt Iris, dass er nur dummes Zeug redet, und ärgert sich nur noch darüber, dass sie einen Monat an ihn gedacht hat.

c **Ist Ihnen schon einmal etwas Ähnliches passiert? Erzählen Sie.**

AB **4** **Hätte ich doch bloß …**

Spiel & Spaß

a **Ergänzen Sie die richtige Form von *hätte* oder *wäre* und das passende Verb.**

angesprochen | ~~genommen~~ | gewesen | losgegangen | probiert

GRAMMATIK

Konjunktiv II Vergangenheit: Irreale Wünsche

Hätten	wir doch bloß gleich die erste Wohnung	*genommen*!
______	ich es doch wenigstens	______!
______	ich doch nur etwas mutiger	______!
______	sie doch nur rechtzeitig	______!
______	du deinen Traummann doch	______!

● Batterie ist leer / ● Motor startet nicht

● Pullover zu heiß waschen

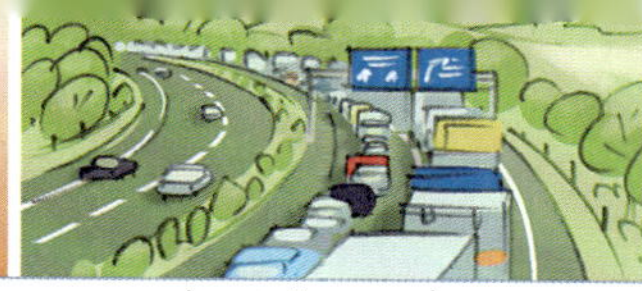

im ● Stau stehen

geblitzt werden

Spiel & Spaß

b Sehen Sie ins Bildlexikon und schreiben Sie mit Ihrer Partnerin / Ihrem Partner irreale Wünsche. Tauschen Sie Ihre Sätze dann mit einem anderen Paar. Die anderen notieren die passende Situation aus dem Bildlexikon.

Wäre ich doch nur eine andere Strecke gefahren!

im Stau stehen

Hätte ich doch das Waschprogramm noch einmal geprüft!

5 Wettspiel

Überlegen Sie sich ein Missgeschick. Nennen Sie reihum irreale Wünsche. Wenn Ihnen kein neuer Wunsch mehr einfällt, bekommen Sie einen Punkt und wählen ein neues Thema. Die Person mit den wenigsten Punkten gewinnt.

- ■ Ich habe meine Prüfung nicht bestanden.
- ▲ Wäre ich nur früher ins Bett gegangen.
- ● Hätte ich doch am Abend vor der Prüfung nicht gefeiert.
- ■ Hätte ich doch bloß die Online-Übungen gemacht.
- ◆ Mir fällt nichts mehr ein.
- ▲ Okay, dann bekommst du einen Punkt und wählst eine neue Situation.

INFO

Wäre/Hätte ich doch / bloß / nur …!

▶ 1 37
AB

6 Sorgentelefon im Radio

a Was ist richtig? Hören Sie und kreuzen Sie an.

1 Simon spielt schon lange mit seinem Freund zusammen Lotto. ○
2 Sie kreuzen jedes Mal andere Zahlen an. ○
3 Vor zwei Monaten sind ihre Zahlen gezogen worden. ○
4 Aber Simons Freund hat den Lottoschein leider nicht abgegeben. ○

Diktat

b Welche Sätze hören Sie im Gespräch? Hören Sie noch einmal und markieren Sie.

KOMMUNIKATION

Enttäuschung ausdrücken
Also das nächste Mal würde ich es ganz anders machen. | Also das nächste Mal würde ich … | Hätte ich doch bloß …! | Ich war so zornig auf mich! | Das war vielleicht blöd! Ich habe mich so (über mich) geärgert. | Hätte ich nur …! Dann wäre das alles nicht passiert. | Hätte ich bloß …!

KOMMUNIKATION

auf Enttäuschung reagieren
Oh je, das ist ja wirklich dumm gelaufen. | Nicht zu glauben! | Das ist wirklich sehr ärgerlich. | Oh, das ist wirklich schade. | Das verstehe ich. | Alles im Leben hat einen Sinn. | Man weiß nie, ob es nicht sogar besser ist, wie es ist. | Vielleicht klappt es ja ein anderes Mal. | Aber da kann man wohl nichts mehr machen.

c Welche eigene Geschichte möchten Sie erzählen? Machen Sie Notizen und wählen Sie drei Redemittel aus **b**, die Sie verwenden möchten. Sie können auch eine Geschichte erfinden.

(1) Was ist passiert? (2) Was hätten Sie anders machen sollen? (3) Gab es auch etwas Positives?

d Arbeiten Sie zu dritt. Jede Person ist einmal der Radiomoderator. Die anderen rufen im Radio an und erzählen ihre Geschichte.

SCHREIBTRAINING

AB **7 Diskutieren Sie mit!**

a **Was würden Sie in diesen Situationen machen? Verteilen Sie die Situationen und schreiben Sie zu zweit einen Kommentar.**

① Ich habe von einem guten Freund ein Geburtstagsgeschenk bekommen, das mir nicht gefällt. Soll ich es ihm sagen?

② Meine Freundin hat sich frisch verliebt. Ich kenne ihren neuen Partner zufällig von früher. Er hat damals oft gelogen. Soll ich es ihr erzählen?

③ Meine Freundin hat eine neue Frisur. Sie ist begeistert. Aber ich finde, dass ihr die Frisur überhaupt nicht steht. Was soll ich machen?

④ Unsere Tochter erzählt uns gar nichts mehr. Wir machen uns Sorgen. Soll ich heimlich ihre SMS und E-Mails lesen?

Situation 1
Wir würden es dem Freund nicht sagen. Er hat sich bestimmt Gedanken gemacht und wäre sicherlich enttäuscht. Aber im nächsten Jahr würden wir ihm sagen, was wir uns wünschen. Dann geht es nicht noch einmal schief.

b **Tauschen Sie Ihren Kommentar mit einem anderen Paar und kommentieren Sie.**

Das sehen wir anders. Wir finden, du solltest es ihm sagen. Gute Freunde sollte man nicht belügen.

Audiotraining | Karaoke

GRAMMATIK

Irreale Wünsche: Konjunktiv II Vergangenheit: *hätte/wäre* + Partizip Perfekt

Hätten wir doch die erste Wohnung genommen!
Wäre sie doch nur rechtzeitig losgegangen!

ich	hätte	geschrieben abgegeben	wäre	losgegangen aufgestanden
du	hättest		wär(e)st	
er/es/sie	hätte		wäre	
wir	hätten		wären	
ihr	hättet		wär(e)t	
sie/Sie	hätten		wären	

KOMMUNIKATION

Enttäuschung ausdrücken

Das war vielleicht/total blöd! Ich habe mich so (über mich) geärgert. / Ich war so zornig auf mich!
Also das nächste Mal würde ich es ganz anders machen.
Also das nächste Mal würde ich …
Hätte ich doch wenigstens/gleich …!
Hätte ich nur/bloß …! Dann wäre das alles nicht passiert.

auf Enttäuschung reagieren

Das verstehe ich.
Oh, das ist wirklich schade.
Das war bestimmt / ist wirklich sehr ärgerlich.
Oh je, das ist ja wirklich dumm gelaufen.
Nicht zu glauben!
Aber vielleicht klappt es ja ein anderes Mal.
Aber da kann man wohl nichts mehr machen.
Alles im Leben hat einen Sinn.
Man weiß nie, ob es nicht sogar besser ist, wie es ist.

Nachdem wir jahrelang Pech gehabt hatten, … 11

Sprechen: etwas emotional kommentieren: *Das berührt mich sehr.*

Lesen/Schreiben: Blog-Beitrag

Wortfeld: Glücksmomente im Alltag

Grammatik: Plusquamperfekt mit *haben* und *sein: hatte erzählt;* Konjunktion *nachdem*

▶ 1 38 **1 Sehen Sie das Foto an und hören Sie.**
Worüber freut sich die Frau? Was meinen Sie?

Traumjob gefunden | im Lotto gewonnen | …

2 In welcher Situation würden Sie so jubeln?

Ich würde so jubeln, wenn der erste Ferientag wäre.

durchschlafen · Turnier gewinnen · viele Pilze finden · Doktorarbeit abgeben · Hilfe erhalten · Sonnenfinsternis sehen · Sternenhimmel sehen

Spiel & Spaß

3 Was würde Sie glücklich machen?

Sehen Sie ins Bildlexikon und machen Sie eine Liste mit drei Einträgen. Vergleichen Sie dann mit Ihrer Partnerin / Ihrem Partner.

Ich	Meine Partnerin / Mein Partner
1. eine feste Stelle erhalten	1. Hilfe beim Koffertragen erhalten
2. …	

AB

4 Mein schönster Glücksmoment im letzten Jahr

interessant?

a Welches Bild aus dem Bildlexikon passt zu den Leser-Beiträgen? Überfliegen Sie die Texte und ergänzen Sie die Nummern.

Liebe Leserinnen und Leser!

Herzlich willkommen in unserem neuen Blog. Kurz vor Jahresende geht es hier um Ihren schönsten Glücksmoment im vergangenen Jahr! Und das muss nicht immer das „große Glück" sein. Oft sind es die einfachen Dinge, die uns fröhlich oder glücklich stimmen. Wann ist Ihnen zuletzt etwas Wundervolles geschehen? Erzählen Sie uns davon!

○ Es war Freitag, der 10. Juli. Als ich morgens aufwachte, war irgendetwas anders! Und plötzlich wusste ich, was es war: Meine Tochter Luna hatte zum ersten Mal die Nacht durchgeschlafen. Endlich! *Emily*

○ Der schönste Moment im vergangenen Jahr war gestern: Ich bin 18 Jahre alt geworden! Jetzt kann mir niemand mehr etwas verbieten. *Marvin*

○ Aus meinem 400-Euro-Job ist im September eine Festanstellung geworden. Nachdem mir mein Chef das erzählt hatte, rannte ich laut singend nach Hause. Ich habe mich so gefreut! *Natalie*

○ Früher hatte ich mir immer eine kleine Schwester gewünscht. Ich bin jetzt 14 Jahre alt. Nachdem ich die Hoffnung schon lange aufgegeben hatte, teilte meine Mutter mir vor drei Monaten plötzlich mit: Dein Wunsch geht in Erfüllung. Du wirst große Schwester! Das war MEIN Glücksmoment des Jahres! *Milena*

○ Als ich im Sommer in Südafrika beim Campen war und eine totale Sonnenfinsternis sehen konnte. Ohne eine einzige Wolke am Himmel! Ich habe einfach nur geweint vor Glück. *Lancelot*

○ Nachdem unsere Hockeymannschaft jahrelang Pech gehabt hatte, wurde letztes Wochenende endlich alles anders. Wir gewannen ein wichtiges Turnier gegen ein sehr gutes Team und sind in die Landesliga aufgestiegen. *Emre*

○ Eindeutig der schönste Tag im letzten Jahr war der 15. Oktober. Nachdem ich fast drei Jahre an meiner Doktorarbeit gesessen hatte, habe ich sie an diesem Tag in der Uni abgegeben. Ich fühlte mich überglücklich und stolz und bin es heute noch! *Anna-Lisa*

○ Glücksgefühl im Alltag: Ich schiebe das Fahrrad mit einem platten Reifen den Bürgersteig entlang. Neben mir hält ein älterer Herr, lächelt freundlich, packt sein Werkzeug aus und repariert meinen Reifen. Das habe ich noch nie erlebt! *Claudia*

angelächelt werden | ● Marathon laufen | volljährig werden | feste ● Stelle erhalten | ● Sonne genießen | ● Geschwister bekommen

b Lesen Sie die Blog-Beiträge noch einmal und merken Sie sich, wer welchen Glücksmoment hat. Arbeiten Sie dann zu zweit: Partner A schließt das Buch und Partner B fragt nach den Glücksmomenten von vier Personen. Tauschen Sie dann die Rollen.

- ■ Welchen Glücksmoment hatte Anna-Lisa?
- ● Ich glaube, sie hat sich über eine Festanstellung gefreut.
- ■ Nein, das war …

Diktat

c Kommentieren Sie die Blog-Beiträge mit Ihrer Partnerin / Ihrem Partner.

- ■ So etwas wie Claudia habe ich auch schon einmal erlebt.
- ● Wirklich? Das ist mir noch nie passiert, aber da hätte ich mich auch sehr gefreut.

KOMMUNIKATION

So etwas habe ich auch schon einmal erlebt.
Das ist mir auch schon passiert.
Das berührt mich sehr.
Das kann ich gut nachempfinden.
Darüber hätte ich mich auch sehr gefreut.
Dieses Erlebnis finde ich besonders schön.

AB

5 Ergänzen Sie die Verben und kreuzen Sie dann an. Hilfe finden Sie im Text in 4a.

Spiel & Spaß

habe … abgegeben | erzählt hatte | gesessen hatte | aufgegeben hatte | rannte | teilte

GRAMMATIK

Handlung A	Handlung B
Nachdem mir mein Chef das ______________,	______________ ich laut singend nach Hause.
Nachdem ich die Hoffnung schon lange ______________,	______________ meine Mutter mir vor drei Monaten plötzlich mit: …
Nachdem ich fast drei Jahre an meiner Doktorarbeit ______________,	______________ ich sie an diesem Tag in der Uni ______________.

Plusquamperfekt mit *haben/sein*

er/es/sie hatte erzählt   er/es/sie war gelaufen

GRAMMATIK

Welche Handlung passiert zuerst?
◯ Handlung A (*nachdem*-Satz)
◯ Handlung B (Hauptsatz)

▶ 1 39
AB

6 Was hat Urs gestern gemacht? Arbeiten Sie zu zweit auf Seite 92.

7 Ihr schönster Glücksmoment im letzten Jahr

a Schreiben Sie nun einen eigenen Blog-Beitrag wie in 4a und hängen Sie ihn im Kursraum auf. Sie können sich auch etwas ausdenken.

Mein schönster Glücksmoment im letzten Jahr war, als …

b Schreiben Sie die Redemittel aus 4c auf Kärtchen und gehen Sie zu zweit durch den Kursraum. Lesen Sie die Beiträge und kommentieren Sie sie mündlich mit Ihrer Partnerin / Ihrem Partner.

11 SPRECHTRAINING

8 Interjektionen

▶ 1 40 **a** **Positiv oder negativ? Hören Sie und ordnen Sie zu.**

Brr! | Igitt! | Aua! | Juhu! | Hurra! | Iih! | Ui! | Mist!

positiv: ______________________

negativ: Brr! ______________________

Spiel & Spaß

b **Wählen Sie eine Situation und spielen Sie sie pantomimisch vor. Die anderen beschreiben die Situation und rufen eine passende Interjektion.**

sich verletzen | das Deutsch-Zertifikat bestehen | die Ausbildung abschließen | eine feste Stelle finden | Tee zu lange ziehen lassen, sodass er bitter wird | ein Geschenk bekommen | saure Milch trinken | frieren  | ohne Geldbörse an der Kasse stehen | Freunde in der neuen Wohnung besuchen | der Geldautomat ist außer Betrieb | …

Audiotraining | Karaoke

GRAMMATIK

Plusquamperfekt mit *haben* und *sein*		
	hatte/war	**Partizip**
er/es/sie	hatte	gesammelt
er/es/sie	war	gelaufen
Wir hatten tatsächlich sechs Kilo Pilze gesammelt.		

Konjunktion *nachdem*	
Handlung A	**Handlung B**
Nachdem mir mein Chef das erzählt hatte,	rannte ich laut singend nach Hause.
Handlung B	**Handlung A**
Ich rannte laut singend nach Hause,	nachdem mir mein Chef das erzählt hatte.

KOMMUNIKATION

etwas emotional kommentieren
So etwas habe ich auch schon einmal erlebt. Das ist mir auch schon passiert. Das finde ich sehr berührend. Das berührt mich sehr. Das kann ich gut nachempfinden. Darüber hätte ich mich auch sehr gefreut. Dieses Erlebnis finde ich besonders schön.

Ausflug des Jahres 12

Lesen/Schreiben: Briefe und E-Mails: Einladungen, Absagen, Zusagen

Wortfeld: Veranstaltungen in Betrieben

Grammatik: Genitiv: *Bericht des Betriebsrats;* Adjektivdeklination im Genitiv; Präposition *trotz*

▶ 1 41 **1 Sehen Sie das Foto an und hören Sie.**
Kennen sich die Leute und was machen sie? Was meinen Sie?

> Ich denke, die Leute kennen sich. Vielleicht sind sie Mitglieder in einem Sportverein, die ...

2 Unternehmen Sie gern etwas in Gruppen? Erzählen Sie.

> Ich unternehme gern etwas in Gruppen. Ich bin zum Beispiel Mitglied in einem Segelverein.

● Betriebsausflug

● Jubiläum

● Weihnachtsfeier

● Einstand

AB **3** **Dazu lade ich Sie ganz herzlich ein.**

a **Welche Einladung passt zu dem Foto? Überfliegen Sie die Einladungen und ergänzen Sie den Buchstaben.**

○

Ⓐ

AN ALLE MITARBEITERINNEN UND MITARBEITER der Papier Böhm AG

Liebe Mitarbeiterinnen und Mitarbeiter,
für uns geht ein gutes und erfolgreiches Jahr zu Ende. Dies ist vor allen Dingen Ihrem Einsatz zu verdanken. Darum möchte ich Sie zu einer Weihnachtsfeier einladen: am 20.12. um 16:00 Uhr im Café Mirabelle. Außer einem kleinen weihnachtlichen Buffet gibt es ein Konzert von unserem Betriebschor. Ich freue mich auf ein paar gemütliche Stunden und wünsche Ihnen eine schöne Adventszeit im Kreis Ihrer Angehörigen und Freunde.

Ihr Felix Böhm – Geschäftsführer

> **außer** + Dativ
> außer einem Buffet / …
> INFO

Ⓑ **Betreff:** Alle in einem Boot

Hallo liebes Team,

dieses Jahr haben wir für unseren Betriebsausflug etwas Besonderes geplant. Gemeinsam fahren wir auf einem Floß auf der Isar von Wolfratshausen bis Thalkirchen. Anschließend gehen wir in einen Biergarten. Los geht's am 12. Mai um 10:00 Uhr.
Ein Bus bringt uns vom Firmenparkplatz nach Wolfratshausen. Gegen 16:00 Uhr geht es wieder zurück.
Natürlich könnt Ihr auch mit dem eigenen Pkw anreisen.
Wir freuen uns auf einen erlebnisreichen Tag.

Herzlichst – Eure Erika Schmidt-Lösse

Ⓒ **Betreff:** Man soll gehen, wenn es am schönsten ist …

Sehr geehrte Damen und Herren, liebe Kolleginnen und Kollegen,

nach fünf Jahren verlasse ich unser Haus aus privaten Gründen. Neben den Herausforderungen im Beruf gibt es auch im familiären Bereich spannende Aufgaben, die auf mich warten.
Ich danke allen für die stets gute Zusammenarbeit. Gern würde ich mich am Mittwoch persönlich von Ihnen verabschieden. Dazu lade ich Sie ganz herzlich um 15:00 Uhr in mein Büro zu Kaffee und Kuchen ein. Ich bitte Sie, mir kurz Bescheid zu geben, ob Sie kommen können. Über zahlreiches Kommen würde ich mich sehr freuen.
Mit den besten Wünschen
Ihre Bianka Biala

Ⓓ **Der Betriebsrat informiert: Einladung zur 2. Betriebsversammlung dieses Jahres am 13. April um 12:00 Uhr in der Kantine**

Tagesordnung:

1. Tätigkeitsbericht des Betriebsrats
2. Bericht des Arbeitgebers
3. Vorstellung der Betriebsvereinbarung zum Thema private E-Mail-Nutzung
4. Stand der Umbauarbeiten
5. Referat eines Gutachters zum Thema Sicherheit am Arbeitsplatz trotz Umbauarbeiten

Ihr Betriebsrat

● Ausstand

● Betriebsversammlung

● Sommerfest

Spiel & Spaß

b **Wozu wird hier eingeladen? Notieren Sie die passende Veranstaltung aus dem Bildlexikon.**

Einladung A: ______________ Einladung C: ______________
Einladung B: ______________ Einladung D: ______________

c **Lesen Sie die Einladungen noch einmal und beantworten Sie die Fragen. Schreiben Sie dann vier eigene Fragen zu den Einladungen und tauschen Sie mit Ihrer Partnerin / Ihrem Partner.**

1 Wen lädt Felix Böhm zu der Feier ein?
2 Was ist für den Ausflug geplant?
3 Wieso verlässt Bianka Biala ihre Firma?
4 Welche Personen berichten auf der Versammlung?

AB

4 Die Betriebsversammlung

Beruf

a **Lesen Sie noch einmal die Einladung zur Betriebsversammlung und markieren Sie die Genitive. Ergänzen Sie dann die Tabelle.**

Genitiv

●	________/dieses Betriebsrats	eines Betriebsrats
●	des/________ Jahres	eines Jahres
●	________/dieser Betriebsvereinbarung	einer Betriebsvereinbarung
●	________/dieser Umbauarbeiten	von Umbauarbeiten

auch so: mein-, dein-, … ! Plural: meiner/deiner/…

GRAMMATIK

Spiel & Spaß

b **Ergänzen Sie die Betreffzeilen der E-Mails. Hilfe finden Sie in der Tabelle.**

1 **Betreff:** Informationen für die Mitglieder der neuen Projektgruppe „digitale Medien“
2 **Betreff:** Tagesordnung ________ heutig______ Treffens
3 **Betreff:** Vorstellung ________ neu______ Geschäftsführung
4 **Betreff:** Informationsbroschüre ________ für unsere Branche zuständig______ Gewerkschaft
5 **Betreff:** Wahl ________ nächst______ Betriebsrats
6 **Betreff:** Zeitplan ________ geplant______ Umbauarbeiten
7 **Betreff:** Trotz ________ schlecht______ Wetterberichts: Der morgige Betriebsausflug findet statt.

Adjektivdeklination im Genitiv

		def./indef. Artikel	**Nullartikel**	
trotz	●	des/eines geplanten	geplanten	Ausflugs
	●	des/eines schlechten	schlechten	Wetters
	●	der/einer guten	guter	Zusammenarbeit
	●	der/– geplanten	geplanter	Umbauarbeiten

GRAMMATIK

- Betriebsausflug
- Jubiläum
- Weihnachtsfeier
- Einstand

5 Vielen Dank für Ihre Einladung zur ...

Diktat

a Wer sagt ab/zu? Überfliegen Sie die Antworten und notieren Sie die Namen.

Zusage: ____________________

Absage: ____________________

(1)

Sehr geehrter Herr Böhm,

vielen Dank für Ihre Einladung zur Weihnachtsfeier. Leider kann ich dieses Jahr nicht kommen, denn ich verabschiede mich bereits am 18. Dezember in den Skiurlaub. Ich wünsche Ihnen und allen Kolleginnen und Kollegen einen gemütlichen Abend. Bei dieser Gelegenheit möchte ich mich bei Ihnen für die gute Zusammenarbeit bedanken.

Ich wünsche Ihnen und Ihrer Familie ein frohes Weihnachtsfest.
Mit den besten Wünschen
Annika Meyer

(2)

Liebe Bianka,

herzlichen Dank für die Einladung zu Deinem Abschied. Ich muss leider absagen, weil ich in der Woche noch auf unserem Messestand in Hannover bin. Ich finde es jedenfalls sehr schade, Dich als Kollegin zu verlieren. Deine Abschiedsfeier müssen wir dann unbedingt privat nachholen. Sobald ich wieder in der Stadt bin, melde ich mich bei Dir.

Ich wünsche Dir einen schönen Abschied und freue mich auf unser baldiges Treffen.
Herzlichst
Deine Conny

(3)

Liebe Frau Schmidt-Lösse,

über die Einladung zum Betriebsausflug habe ich mich sehr gefreut. Vielen Dank auch für die Organisation! Ich komme gern und freue mich schon sehr. Ich würde gern mit dem eigenen Pkw fahren. Könnten Sie mir eine Wegbeschreibung oder die genaue Adresse schicken? Außerdem wollte ich mich noch erkundigen, ob wir für die Floßfahrt wasserdichte Schuhe brauchen.

Über eine schnelle Antwort würde ich mich freuen.
Im Voraus vielen Dank für Ihre Mühe.
Mit freundlichen Grüßen
Tobias Franzen

(4)

Lieber Peter,

vielen Dank, dass Du unsere Einladung verschickt hast. Ich habe schlechte Nachrichten: Ich habe mich leider so stark erkältet, dass ich morgen nicht wie geplant dabei sein und die Betriebsvereinbarung vorstellen kann. Könntest Du die Präsentation bitte für mich übernehmen? Ich schicke Dir die endgültige Version noch einmal im Anhang mit. Beachten müsstest Du nur die Verbesserungen zum Thema Sicherheit.

Herzlichen Dank im Voraus!
Und bitte grüß die Kolleginnen und Kollegen ganz herzlich von mir!

Schöne Grüße
Annette

● Ausstand ● Betriebsversammlung ● Sommerfest

b **Was ist richtig? Lesen Sie noch einmal und kreuzen Sie an.**

1 Annika Meyer kommt nicht zur Weihnachtsfeier, weil sie zu dem Zeitpunkt nicht mehr in der Firma angestellt ist. ○
2 Conny kommt nicht zum Abschied, weil sie privat unterwegs ist. ○
3 Tobias Franzen braucht noch weitere Informationen. ○
4 Der Kollege soll Annette auf der Betriebsversammlung vertreten. ○

c **Lesen Sie die E-Mails in a noch einmal und markieren Sie die passenden Redemittel. Übertragen Sie die Tabelle in Ihr Heft und ergänzen Sie.**

KOMMUNIKATION

Anrede	Einleitung	Schluss	Grußformel
Sehr geehrte Damen und Herren, …	vielen Dank für Ihren Brief. Ich habe mich sehr darüber gefreut.	Ich würde mich freuen, bald von Ihnen zu hören.	Mit freundlichen Grüßen

d **Kennen Sie weitere Redemittel zu den Kategorien in c? Ergänzen Sie.**

AB 6 Einladungen

a **Wählen Sie eine Situation aus dem Bildlexikon und schreiben Sie eine Einladung an Ihre Kollegen/Mitarbeiter. Machen Sie zunächst Notizen und wählen Sie eine passende Anrede und eine passende Grußformel.**

Wozu laden Sie ein?	Einstand
Was gibt es? / Was wird gemacht? / Tagesordnung?	Kaffee und Kuchen
Wann und wo findet die Veranstaltung statt?	am 15.09. um 15 Uhr, Büro

b **Tauschen Sie Ihre Einladung mit Ihrer Partnerin / Ihrem Partner und schreiben Sie eine Zusage oder eine Absage. Schreiben Sie zu allen Punkten etwas und achten Sie auf den Textaufbau (Anrede, Einleitung, Reihenfolge der Inhaltspunkte, Schluss, Grußformel).**

Zusage – Sie kennen die Person, die einlädt, nicht privat.
Worauf freuen Sie sich besonders? / Was finden Sie besonders wichtig?
Fragen Sie, ob Sie etwas mitbringen/vorbereiten sollen.
Erzählen Sie, dass Sie etwas später kommen und warum.

Absage – Sie kennen die Person, die einlädt, auch privat sehr gut.
Warum können Sie nicht kommen?
Was finden Sie besonders schade?
Sie sollten etwas machen oder mitbringen. Machen Sie einen Vorschlag, wer Ihre Aufgabe übernehmen kann / Sie vertreten kann.

7 Betriebsfeiern: Plaudern will gelernt sein.

a Was sind gute Small-Talk-Themen? Was meinen Sie? Lesen Sie und ergänzen Sie zu zweit.

Betriebsfeiern: Plaudern will gelernt sein

Ohne Feiern mit den Kollegen geht es im Arbeitsleben nicht. Ob Geburtstag, Betriebsausflug, Sommerfest oder die gemeinsame Weihnachtsfeier: Dabei kann einiges schiefgehen. Doch mit ein paar guten Tipps gelingt nicht nur jeder Small Talk mit Kunden und Vorgesetzten am Arbeitsplatz, sondern auch jedes Gespräch auf Betriebsfesten.

Wetter | Politik | Stau im Berufsverkehr | Krankheit | Urlaub | Klatsch und Tratsch über Kollegen, Kunden und Vorgesetzte | Religion | Filme | Bücher | Essen | Tod | Geld | kulturelle Veranstaltungen | Familie | Sport

Diese Themen sollte man vermeiden: ______

Diese Themen sind gut geeignet: ______

▶ 1 42 **b Hören Sie den Radiobeitrag und vergleichen Sie.**

noch einmal?

c Über welche Themen würden Sie gern / auf keinen Fall sprechen? Machen Sie eine Liste und diskutieren Sie im Kurs.

Über diese Themen würden wir gern sprechen: ______

Über diese Themen würden wir auf keinen Fall sprechen: ______

Audiotraining | Karaoke

GRAMMATIK

Genitiv

	mit definitem Artikel / Demonstrativartikel	mit indefinitem Artikel / Possessivartikel
•	des/dieses Betriebsrats	eines/unseres Betriebsrats
•	des/dieses Jahres	eines Jahres
•	der/dieser Betriebsvereinbarung	einer/unserer Betriebsvereinbarung
•	der/dieser Umbauarbeiten	von Umbauarbeiten / unserer Umbauarbeiten

auch so: mein-, dein-, … ! Plural: meiner/deiner/…

Präposition *trotz* + Adjektivdeklination im Genitiv

		def./indef. Artikel	Nullartikel	
trotz	•	des/eines geplanten	geplanten	Ausflugs
	•	des/eines schlechten	schlechten	Wetters
	•	der/einer guten	guter	Zusammenarbeit
	•	der geplanten	geplanter	Umbauarbeiten

KOMMUNIKATION

Briefe und E-Mails: Einleitung

Vielen Dank für Ihren Brief/ … Ich habe mich sehr darüber gefreut.
Ich habe mich sehr über … gefreut. Vielen Dank!
Vielen/Herzlichen Dank für Ihre Einladung. Gern … / Leider …

Briefe und E-Mails: Abschluss

Ich würde mich freuen, bald von Ihnen zu hören.
Über eine schnelle Antwort würde ich mich sehr freuen.
Im Voraus vielen Dank für Ihre Mühe.
Herzlichen Dank im Voraus.
Grüßen Sie bitte … ganz herzlich von mir.

„Lebensfreude, Mut und Kraft schenken"

Herzenswünsche e.V. erfüllt kranken Kindern ihren größten Wunsch

Gemeinsam mit ihrer besten Freundin startet Wera Röttgering im Jahr 1989 eine Initiative: Sie will schwer erkrankten Kindern und Jugendlichen Mut machen und ihnen einen besonderen Wunsch erfüllen. Drei Jahre später gründet sie den Verein Herzenswünsche e.V., *der bisher mehreren Tausend Kindern und Jugendlichen in ganz Deutschland geholfen hat, im Kampf gegen ihre Krankheit den Mut nicht zu verlieren.*

Ein Tag auf dem Ponyhof, einmal mit dem Hubschrauber die Welt von oben sehen oder die Fußballnationalmannschaft treffen – das sind Ereignisse, die einem schwer kranken Kind neuen Mut und neue Kraft geben können. Mit über 70 ehrenamtlichen Mitarbeitern versucht der Verein, jeden dieser Kinderträume zu erfüllen, denn die Kinder sollen ihre Krankheit einmal ganz vergessen können.

„Man muss sich vorstellen, dass sie alle sehr langwierige und anstrengende Therapien hinter sich haben oder sich noch mittendrin befinden. Oft verbringen sie Monate oder Jahre ihres Lebens in Kliniken. Hier können wir mit unserem Verein ein bisschen helfen", erklärt Wera Röttgering. „Oft hat schon die Vorfreude eine positive Wirkung auf die Gesundheit des Kindes." Meistens weisen die Ärzte in den Kliniken den Verein auf die Situation eines Kindes hin. Gemeinsam mit den Eltern und dem Kind finden die *Herzenswünsche*-Mitarbeiter dann heraus, welches Erlebnis dem Kind neue Kraft geben könnte.

Der 8-jährige Finn

Finn hatte schon immer davon geträumt, einmal auf einem großen Fährschiff mitzufahren. Sein Wunsch wurde Wirklichkeit: Letztes Jahr fuhr er zusammen mit seinen Eltern an Bord der „Color Fantasy" von Kiel nach Oslo. 20 Stunden dauerte die Reise und Finn schaute sich jede Ecke des Schiffes an. Der Höhepunkt: die Fahrt durch den Oslofjord bei strahlend blauem Himmel. „Das hat Finn absolut glücklich gemacht, wir danken dem Verein *Herzenswünsche e.V.*, dass er uns diese Reise ermöglicht hat!", so das Fazit von Finns Eltern.

Jeden Morgen begrüßten die Hunde Marvin mit freudigem Gebell.

Der 16-jährige Marvin durfte im letzten Winter zusammen mit drei weiteren Jungen nach Schweden reisen. Mit einem Guide und seinen Schlittenhunden verbrachten die Jugendlichen eine Woche in einer Hütte ohne Strom und fließendes Wasser. Sie fuhren täglich mit den Huskys durch die Schneelandschaft. Die Wildnis, aber auch die Hunde haben Marvin fasziniert und ihm ein unvergessliches Erlebnis beschert.

1 Lesen Sie den Artikel und korrigieren Sie.

a Wera Röttgering hat ~~ein Unternehmen~~ gegründet: Sie hilft kranken Kindern und Jugendlichen. eine Initiative
b Schon die Erinnerung an das geplante Erlebnis kann viel Kraft spenden.
c Finn ist mit dem Segelboot nach Oslo gefahren.
d Marvin durfte allein in einer Hütte in Schweden wohnen.

2 Und Sie? Was war als Kind Ihr größter Wunsch? Erzählen Sie.

FILM-STATIONEN *Clip 4*

1 Unser Stück vom Glück

a Wovon erzählen die beiden? Was meinen Sie? Sehen Sie das Foto an und sprechen Sie.

Ich glaube, dass die beiden von ihrem Leben als Rentner erzählen.

▶ Clip 4 **b** Was ist richtig? Sehen Sie den Anfang des Films (bis 2:00) und kreuzen Sie an.

1 Jörg hat Lilo auf einer Tanzveranstaltung gefragt, ob sie seine Frau werden will. ◯
2 Lilo hat geantwortet: „Das weißt du doch!“ ◯
3 Am Hochzeitstag hat es leider die ganze Zeit geregnet. ◯
4 Lilo sagt, dass die Hochzeit ihr Start in ein neues Leben war. ◯

2 Und dann kam Glück auf Glück.

a Was meinen Sie? Von welchen Glücksmomenten in ihrem Leben erzählen die beiden? Schreiben Sie zu zweit eine Liste und vergleichen Sie im Kurs.

- Geburt der Kinder
- ...

▶ Clip 4 **b** Sehen Sie den Film weiter (2:01 – 5:05) und vergleichen Sie.

▶ Clip 4 **c** Welche Lebensbereiche waren Lilo und Jörg besonders wichtig? Sehen Sie den Abschnitt (2:01 – 5:05) noch einmal und notieren Sie.

Gesundheit | Arbeit | Sport | Reisen | Freunde | ...

Familie: 3 Töchter, 7 Enkelkinder
Arbeit: ...

d Welche Lebensbereiche sind Ihnen besonders wichtig? Machen Sie Notizen und erzählen Sie.

3 Was ist Glück?

▶ Clip 4 **a** Wer sagt das? Was meinen Sie? Sehen Sie dann den Rest des Films (ab 5:06) und ordnen Sie zu.

1 Jörg

2 Lilo

◯ Glück ist für mich Liebe. Denn wer lieben kann, ist glücklich.

◯ Glück ist etwas sehr Persönliches. Wir müssen unser Glück finden und nicht dem Glück anderer nachjagen.

b Was bedeutet Glück für Sie? Erzählen Sie.

1 Glücksbringer: Lesen Sie und ordnen Sie die Fotos zu.

(A)

(B)

Ein Glücksbringer soll Glück, Wohlstand, Gesundheit und ein langes Leben bringen sowie Böses fernhalten. Je nach Kulturkreis und Tradition gelten verschiedene Dinge als Glückssymbole. In Deutschland stehen beispielsweise folgende Symbole für Glück:

vierblättrige Kleeblätter

Glückspfennige

Fliegenpilze

Marienkäfer

Hufeisen

Glücksschweine

In Japan kennt man eine kleine Katze (*Maneki-neko*), die mit einer Pfote winkt und Glück und Wohlstand garantieren soll.

Die *Hand der Fatima* ist besonders im arabischen/islamischen Raum ein beliebtes Glückssymbol.

Zwei Personen erzählen uns von ihren Glücksbringern:

◯ Mein Glücksbringer ist diese Kastanie. Ich habe sie mit 19 Jahren nach einer Knieoperation von meinem Vater geschenkt bekommen. Während die Ärzte mich operiert haben, hat mein Vater auf mich gewartet. Als er mich dann abholen konnte, schenkte er mir diese Kastanie: Er hatte sie im Park vor dem Krankenhaus gefunden und an mich gedacht. Seitdem trage ich die Kastanie immer bei mir.

◯ Von Aberglauben halte ich eigentlich nicht viel, aber Glücksbringer habe ich trotzdem. Ich habe sogar mehrere, denn ich habe für jede besonders wichtige Person in meinem Leben einen Glücksbringer. Von meinem Bruder habe ich einen Ring, von meiner Mutter eine Figur, von meinem Vater einen Stein und von meinem Partner eine Glaskugel.

2 Mein Glücksbringer

a Welchen Glücksbringer haben Sie? Machen Sie Notizen zu den Fragen.

1 Was ist Ihr Glücksbringer oder Ihr besonders wichtiger Gegenstand?
2 Seit wann und woher / von wem haben Sie ihn?
3 Wann haben Sie ihn dabei? / Wobei hat er Ihnen schon Glück gebracht?

b Machen Sie eine Präsentation und erzählen Sie im Kurs.

Mein Glücksbringer ist eine Muschel.
Ich habe sie …

MEIN GLÜCKSBRINGER

DREI WÜNSCHE FREI

1 Gestern Nacht, da kam 'ne Fee vorbei, Heute
sie sagte: „Du hast Pech, du hast keine Wünsche frei!“ Glück
Ich war total traurig, mir fiel vor Schreck ganz viel ein ...
Und drei Sekunden später weckte mich der Wecker.
Ach, wär' die Fee nicht nur im Traum zu mir gekommen!
Ich hätte gerne ihr Angebot angenommen.

Dann wär' ich der Supermann.
Ich wünsche mir, dass ich fliegen kann,
als Wachhund einen Leguan
und meinen eigenen Untertan!

2 Morgens beim Frühstück klingelt das Telefon:
Die Große aus dem zweiten Stock fragt mich zum dritten Mal schon,
ob ich morgen mit den anderen noch zum Chor geh'.
Aber ich, ich kann nicht singen, ojemine!
Ach, wär' die Fee nicht nur im Traum zu mir gekommen!
Ich hätte gerne ihr Angebot angenommen.

Dann wär' ich der Supermann.
Ich wünsche mir, dass ich schwimmen kann.
Ein Segelboot auf dem Ozean
und jemand, der es steuern kann.

Dann wär' ich der Supermann.
Ich wünsche mir, dass ich fliegen kann.
Als Wachhund einen Leguan
und meinen eigenen Untertan!

3 Gestern Nacht, da kam 'ne Fee vorbei,
sie sagte: „Du hast Pech, du hast keine Wünsche frei!“

▶ 1 43 **1 Im Liedtext sind einige Wörter falsch.**
Hören Sie das Lied, markieren und korrigieren Sie.

2 Dichten Sie Ihren eigenen Refrain.
Präsentieren Sie Ihre Refrains im Kurs und singen Sie gemeinsam.

Dann wär' ich der Supermann.
Ich wünsche mir, dass ich ____________ kann.
Ein/Eine/Einen ______________________________
und ______________________________.

Dann wär' ich der Supermann.
Ich wünsche mir, dass ich zaubern kann.
Ein kleines Haus direkt am Meer
und das Girokonto niemals leer.

KB | S. 11 **Lektion 1** **5b**

dem Kunden / den Kollegen

a Ergänzen Sie in der richtigen Form.

Kunde | Kollege

Ich habe morgen Geburtstag. Deshalb backe ich einen Kuchen für meine ______________________.
Gleich kommt Herr Kampe. Er ist ein besonders schwieriger ______________________.

b Schreiben Sie zu zweit Sätze wie in **a** und tauschen Sie sie mit einem anderen Paar. Ergänzen Sie dann die passenden Nomen in der richtigen Form. Hilfe finden Sie im Wörterbuch.

Junge | Kunde | Kollege | Pole | Student | Konkurrent | Praktikant | Mensch | Nachbar | ...

KB | S. 19 **Lektion 3** **4**

Rund ums Wohnen

Wählen Sie ein Wort zum Thema „Wohnen“ aus dem Text oder dem Bildlexikon auf den Seiten 18 und 19 und schreiben Sie es auf ein Kärtchen. Mischen Sie alle Kärtchen und bilden Sie zwei Gruppen.
Ein Teilnehmer aus Gruppe A zieht ein Kärtchen und zeichnet den Begriff an die Tafel. Wenn Gruppe A das Wort innerhalb von 30 Sekunden erraten kann, erhält sie einen Punkt. Dann ist Gruppe B an der Reihe. Die Gruppe mit den meisten Punkten gewinnt.

Variante: Umschreiben Sie den Begriff auf dem Kärtchen.

Mein erster Arbeitstag im Hotel

a Sehen Sie zu zweit die Bildergeschichten an. Zu welcher wollen Sie eine Geschichte schreiben? Wählen Sie aus.

1

2

b Suchen Sie passenden Wortschatz zu Ihrer Bildergeschichte und machen Sie Notizen.

– Chef hielt Ansprache
– Chef führte uns durch das Hotel

c **Schreiben Sie nun Ihren Bericht.**

KOMMUNIKATION

Der erste Tag ist mir in guter/schlechter Erinnerung geblieben.
Schon der erste Tag machte mir (keinen) Spaß / (nicht so) viel Freude.
Erst habe ich nicht so viel erwartet, aber dann gefiel es mir total gut.
Besonders gut / Nicht so gut gefiel mir das Betriebsklima / der Chef / …
Das fand ich sehr angenehm/prima/schön.
Das fand ich enttäuschend/schrecklich/unangenehm.
Nur von dem Essen / den Kollegen / den anderen Auszubildenden / … war ich sehr enttäuscht.
Etwas merkwürdig war, dass …
Der erste Tag war zwar anstrengend, aber …
Insgesamt fühlte ich mich sehr wohl / nicht besonders wohl.
Insgesamt gefiel mir der erste Tag sehr gut / nicht so gut.

KOMMUNIKATION

Gleich/Schon am Morgen …
Dann/Danach/Anschließend …
Gegen Mittag/Abend/zehn Uhr …
Am frühen/späten Vormittag/Nachmittag …
Erst am Abend …

KB | S. 20 **Lektion 3 | 6**

Endlos-Sätze: Das ist der Garten, in dem ich mich ausruhe, …

a **Arbeiten Sie zu viert. Sehen Sie sich die Satzanfänge 1–4 an. Wählen Sie einen Satzanfang wie im Beispiel und schreiben Sie ihn auf einen Zettel. Ergänzen Sie einen Relativsatz. Tauschen Sie die Zettel reihum und ergänzen Sie einen weiteren Relativsatz usw. Sie haben zehn Minuten Zeit.**

helfen | danken | treffen mit | gratulieren | gehören | sprechen mit | träumen von | verabreden mit | denken an | ärgern über | sprechen über | sich interessieren für | warten auf | …

1 Das ist der Hausmeister/Garten/Makler/Kollege, …
2 Das ist das Haus/Kind/Buch/Lied, …
3 Das ist die Familie/Wohnung/Kundin/Nachbarin, …
4 Das sind die Nachbarn/Kinder/Kunden/Mitbewohner, …

Das ist die Nachbarin,
die schon so lange krank ist,
der ich letzte Woche Blumen gebracht habe,
mit der ich gestern telefoniert habe,
für die ich heute eingekauft habe,
…

Das ist der Garten,
in dem ich mich ausruhe,
von dem ich dir erzählt habe,
für den meine Frau sich nicht interessiert,
…

Das ist das Haus,
in dem ich aufgewachsen bin,
…

Das sind die …,

b **Welche Gruppe hat die längsten Sätze? Lesen Sie Ihre Sätze im Kurs vor.**

KB | S. 28 **Lektion 4 4b**

Anruf beim Kundenservice: Spielen Sie zu zweit Telefongespräche.
Notieren Sie Sätze aus **4a** auf Seite 28, die Sie verwenden möchten.

①

Sie möchten das Nachrichtenmagazin *Aktuell* bestellen.
Sie rufen beim Verlag an.

Sie sind nicht zuständig.
Sie verbinden.
Kollegin: zu Tisch
Kunde: noch einmal anrufen

②

Sie haben eine Reklamation:
Die Zeitung ist seit zwei Tagen nicht gekommen.

Sie sind nicht zuständig.
Sie verbinden.
Kollege: Sitzung, ruft zurück / Telefonnummer?

KB | S. 29 **Lektion 4 6d**

Die Werbung verspricht eine einhändige Bedienung. Trotzdem …

a Lesen Sie die Werbung und den Erfahrungsbericht und ergänzen Sie zu zweit die Tabelle.

ApfelOne – hohe Qualität zu kleinem Preis

- Einhändige Bedienung möglich!
- Super Bildqualität!
- Gute Musikqualität!
- Hohe Speicherkapazität!
- Schnelles Surfen!

Handy ApfelOne

ERFAHRUNGSBERICHT ☆☆☆☆☆

Ich habe mir vor zwei Monaten ein ApfelOne gekauft und bin leider sehr enttäuscht. Ich wollte ein Handy, das ich mit einer Hand bedienen kann. Das Handy ist aber so groß, dass das nicht funktioniert. So brauche ich immer beide Hände für die Bedienung. Besonders schade finde ich, dass die Bilder eine so schlechte Qualität haben. Sie sind unscharf und die Farben sind blass. Nicht mal das Musikhören macht Spaß, weil der Sound so schlecht ist. Man kann auch nur wenige Daten speichern. Der Speicher war schon nach einem Monat fast voll und das Surfen dauert auch viel zu lange. Das ging ja sogar mit meinem alten Handy schneller. Ich kann das ApfelOne auf keinen Fall empfehlen, wenn Ihr damit mehr wollt als nur telefonieren!

Lena, Dresden

Werbung	Realität
einhändige Bedienung möglich	man braucht beide Hände

b Schreiben Sie zu Ihrer Tabelle zu zweit Sätze mit *obwohl* oder *trotzdem* und vergleichen Sie mit einem anderen Paar.

Obwohl die Werbung eine einhändige Bedienung verspricht, braucht man beide Hände. /
Die Werbung verspricht eine einhändige Bedienung. Trotzdem braucht man beide Hände.

KB | S. 33 Lektion 5 7d

Technischer Fortschritt: Wie sieht das Leben in 50 Jahren aus?

a Arbeiten Sie in Gruppen. Wie stellen Sie sich die Zukunft vor? Wählen Sie zwei bis drei Themen und machen Sie Notizen.

Wohnen | Stadt | Verkehr | Einkauf | Ernährung | Freizeit | ...

Wohnen: Roboter räumen die Wohnung auf und kochen, ...
Verkehr: Transport mit Raumschiffen, ...
Ernährung: Essen wird geliefert, Online-Supermärkte, ...

b Verteilen Sie die Themen und schreiben Sie zu zweit Texte.

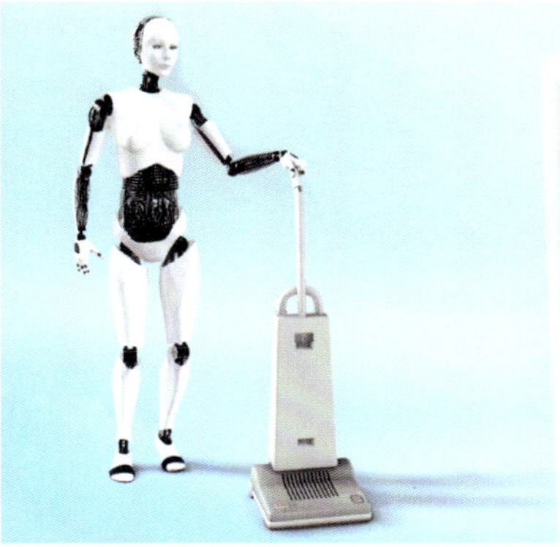

Technischer Fortschritt
Es wird wohl in jeder Wohnung einen Roboter geben, der die Wohnung aufräumt. Der Roboter kann vermutlich auch kochen. Die Menschen haben dann viel mehr Freizeit. Sie ...

KB | S. 33 Lektion 5 | 6

Zukunftsvisionen: Wo sehen Sie sich in … Jahren?

a Wählen Sie einen Zeitpunkt. Machen Sie Notizen und schreiben Sie dann einen Text.

	in einem Jahr	in 5 Jahren	in 20 Jahren
Beruf	neue Firma, mehr verdienen		
Familie			
Wohnen			
Freizeit/Hobbys			
Reisen			

In einem Jahr werde ich vielleicht in einer anderen Firma arbeiten und dort werde ich viel mehr Geld verdienen. Ich werde hoffentlich immer noch mit meiner Freundin zusammen wohnen. Aber wir werden noch keine Kinder haben. …

b Mischen Sie die Texte und lesen Sie einen Text in der Klasse vor.
Die anderen raten: Wer hat den Text geschrieben?

KB | S. 46 **Lektion 7** 6

Marissa fängt bald an, mehr Sport zu machen.

Partner A

a Fragen Sie Ihre Partnerin / Ihren Partner und ergänzen Sie.

■ Womit fängt Marissa bald an?
▲ Sie fängt bald an, mehr Sport zu machen.

	Marissa 	**Ben** 	**Ich**	**Meine Partnerin / Mein Partner**
womit – bald anfangen	mehr Sport machen	für die Prüfung lernen		
was – sich vorstellen können	aufs Land ziehen			
womit – bald aufhören		den ganzen Tag Kaffee trinken		
was – oft vergessen	ihre Haustür abschließen			
was – anstrengend finden		mit Kunden Deutsch sprechen		
was – interessant finden		fremde Länder kennenlernen		
was – toll finden	tauchen 			
wozu – keine Zeit haben		tanken		
wozu – keine Lust haben		Städte besichtigen		
wovor – Angst haben	keinen Ausbildungsplatz finden			

b Ergänzen Sie Ihre Spalte und fragen Sie Ihre Partnerin / Ihren Partner.

Variante: Ergänzen Sie in Ihrer Spalte auch falsche Informationen. Kann Ihre Partnerin / Ihr Partner die Fehler finden?

Rollenspiel

Wählen Sie eine Situation, machen Sie Notizen und spielen Sie Beratungsgespräche. Welche Redemittel aus 7c auf Seite 47 wollen Sie verwenden? Notieren Sie sie auf Kärtchen.

①

Kundin/Kunde
Sie suchen eine Outdoorjacke.
Sie brauchen sie für
Klettertouren im Sommer.

Verkäuferin/Verkäufer
Sie informieren den Kunden:
Outdoorjacke im Angebot;
aber: nicht wasserdicht
Sie empfehlen: gute Outdoorjacke,
wasserdicht: auch bei starkem Regen

②

Kundin/Kunde
Sie brauchen Wanderschuhe.
Sie brauchen Sie für Wanderungen
im Gebirge.

Verkäuferin/Verkäufer
Sie informieren den Kunden:
Wanderschuhe im Angebot; aber:
sehr schwer und keine gute Sohle
Sie empfehlen: gute Wanderschuhe,
leicht und atmungsaktiv, sehr gute Sohle

Verkäuferin/Verkäufer
Kann ich Ihnen helfen?
Außerdem sollten Sie bedenken, dass …
…

Kundin/Kunde
Ich möchte mich mal bei Ihnen umsehen
und informieren.
Ich suche …
…

Auflösung zu Seite 31

E-Mail: 1971 (Ray Tomlinson); Internet: seit Anfang der 1990er Jahre;
Laptop: (z.B. Data general one) 1980er Jahre; Mobiltelefon: Anfang der 1990er Jahre;
PC (z.B. Altair 8800 und IBM 5100): 1970er Jahre; Smartphone: Mitte der 1990er;
SMS: Anfang der 1990er Jahre; Tablet-PC (Surfpad): 2001;

KB | S. 51 **Lektion 8 | 4**

Wörter im Text verstehen

Sehen Sie die markierten Wörter an: 12 sind falsch und 4 sind richtig.
Finden Sie die Fehler und ergänzen Sie die richtigen Wörter aus dem Kasten.

eignen | Freiheit | funktioniert | Kontakt | Langeweile | ~~nachdenken~~ | naturwissenschaftlichen | schmutzig | Schreibtisch | selbstständige | stundenlang | überlegen

8–14 Punkte: Der technische Typ
Bevor Sie nicht herausgefunden haben, wie etwas repariert, geben Sie keine Ruhe. Dabei können Sie lustig vor sich hin arbeiten. Kontakt mit Menschen oder Abwechslung sind Ihnen nicht so wichtig. Für Sie verhalten sich alle technischen Berufe und pädagogischen Studiengänge.

15–20 Punkte: Der handwerkliche Typ
Es macht Ihnen nichts aus, auch mal kontaktfreudig zu werden – Hauptsache, Sie haben Spaß an der Arbeit. Während andere noch nachdenken ~~entscheiden~~, haben Sie die Arbeit schon erledigt. Für Sie ist ein Ausbildungsberuf besser als ein Studium, da Sie nicht gern am Büro sitzen.

21–26 Punkte: Der kreative Typ
Ihr Motto: Bloß keine Abwechslung aufkommen lassen! Sie brauchen einen Beruf, der viel Abwechslung mit sich bringt. Da Sie Ihre Lösung lieben und gern Ihren Kopf durchsetzen, ist eine ehrliche Arbeit die richtige für Sie. Designer, Architekt oder auch Journalist sind Berufe, die gut zu Ihnen passen.

27–32 Punkte: Der soziale Typ
Während Sie kochen, übernehmen Sie genau, wem was schmeckt. Bevor es nicht *allen* gut geht, geht es Ihnen auch nicht gut. Anleitung mit Menschen ist Ihnen sehr wichtig, da Sie nicht gern allein sind. Für Sie kommen alle Pflegeberufe infrage. Außerdem Studiengänge wie Pädagogik, soziale Arbeit oder Psychologie.

Variante: **Lösen Sie die Aufgabe ohne Auswahlkasten.**

KB | S. 46

Marissa fängt bald an, mehr Sport zu machen.

Partner B

a Fragen Sie Ihre Partnerin / Ihren Partner und ergänzen Sie.

■ Womit fängt Marissa bald an?
▲ Sie fängt bald an, mehr Sport zu machen.

	Marissa 	Ben 	Ich	Meine Partnerin / Mein Partner
womit – bald anfangen	mehr Sport machen			
was – sich vorstellen können		sein Auto verkaufen		
womit – bald aufhören	rauchen			
was – oft vergessen		Handy im Kurs ausschalten		
was – anstrengend finden	abends arbeiten			
was – interessant finden	Nachrichten sehen			
was – toll finden		frei haben		
wozu – keine Zeit haben	meine Wohnung aufräumen			
wozu – keine Lust haben	das Geschirr spülen			
wovor – Angst haben		arbeitslos werden		

b Ergänzen Sie Ihre Spalte und fragen Sie Ihre Partnerin / Ihren Partner.

Variante: Ergänzen Sie in Ihrer Spalte auch falsche Informationen. Kann Ihre Partnerin / Ihr Partner die Fehler finden?

KB | S. 51 **Lektion 8 | 5**

Bevor Frau Strehlow Kaffee kocht, schaltet sie den Computer ein.

a Sehen Sie die Zeichnungen an und lesen Sie die Sätze. Welche Sätze sind falsch? Kreuzen Sie an und schreiben Sie sie richtig.

1

Computer einschalten

2

Computer fährt hoch, Kaffee kochen

3

Verträge schreiben, Chef anrufen

4

Verträge kopieren, Termin vereinbaren

5

in der Cafeteria essen

6

Lieferung kontrollieren

7

eine E-Mail tippen, telefonieren

8

aufräumen

9

Feierabend machen

1 Bevor Frau Strehlow Kaffee kocht, schaltet sie den Computer ein. ○
2 Während der Computer hochfährt, kocht Frau Strehlow Kaffee. ○
3 Bevor Frau Strehlow ~~Kaffee kocht~~, schreibt sie Verträge. *kopiert* ⊗
4 Während sie Verträge schreibt, vereinbart sie einen Termin. ○

b Schreiben Sie nun zu zweit vier Sätze mit richtigen oder falschen Informationen zu den Bildern und tauschen Sie mit einem anderen Paar. Schreiben Sie dann die falschen Sätze richtig.

KB | S. 69 **Lektion 11 | 6**

Was hat Urs gestern gemacht?

▶1 39 **a** Hören Sie die Geräusche und machen Sie Notizen.

1 der Wecker klingelt
2 Urs steht auf
3 ...

b Schreiben Sie nun zu zweit Sätze mit *nachdem* und vergleichen Sie dann mit einem anderen Paar.

Variante:
Schreiben Sie Sätze mit *nachdem*, *während* und *bevor*.

Nachdem der Wecker dreimal geklingelt hatte, ist Urs aufgestanden.
Er hat ..., nachdem er aufgestanden war.

c Und was haben Sie gestern gemacht? Spielen Sie zu zweit zwei Szenen. Die anderen raten.

■ Nachdem ihr aufgestanden wart, habt ihr gefrühstückt.
▲ Ja, das ist richtig.

WORTLISTE

Die alphabetische Wortliste enthält die neuen Wörter dieses Buches mit Angabe der Seiten, auf denen sie das erste Mal vorkommen. Wörter, die für die Prüfungen der Niveaustufen A1, A2 und B1 nicht verlangt werden, sind kursiv gedruckt. Bei allen Wörtern ist der Wortakzent gekennzeichnet: Ein Punkt (a) heißt kurzer Vokal, ein Unterstrich (a) heißt langer Vokal. Nomen mit der Angabe (Sg.) verwendet man (meist) nur im Singular. Nomen mit der Angabe (Pl.) verwendet man (meist) nur im Plural. Trennbare Verben sind durch einen Punkt nach der Vorsilbe gekennzeichnet (ab·haken).

16-jährig 77
das 1-Zimmer-Apartment, -s 18
der 400-Euro-Job, -s 68
die 70er-Jahre (Pl.) 18
die 90er: die 90er-Jahre (Pl.) 60
ab: Haare ab 26
die Abenteuerlust (Sg.) 10
der Aberglaube (Sg.) 79
ab·haken 44
ab·hängen 61
das Abonnement, -s 29
der Abonnent, -en / die Abonnentin, -nen 29
abonnieren 27
die Abschiedsfeier, -n 74
abschließend 58
ab·schneiden 38
der Abschnitt, -e 78
ab·schrecken 14
ab·schreiben 23
ab·schwächen 12
die Abteilung, -en 28
der Abteilungsleiter, - / die Abteilungsleiterin, -nen 31
die Abwehrkräfte (Pl.) 54
die Adventszeit (Sg.) 72
(das) Aerobic (Sg.) 54
die AG, -s: die Aktiengesellschaft, -en 72
die Agentur, -en 41
das Ähnliche (Sg.) 64
die Akte, -n 44
allerbeste- 62
allerdings 14
allererste- 18
der Allergiker, - / die Allergikerin, -nen 54
allergisch 36
der/die Alte, -n 26
(das) Amerika (Sg.) 21
amüsieren (sich) 19
der Anblick (Sg.) 59
die Anerkennung (Sg.) 61
anfällig (sein) 54
der Anfang, ¨e 16
der/die Angehörige, -n 72
angemessen 61
der Anhang, ¨e 74
Anhieb: auf Anhieb 23
an·lächeln 69
an·locken 61
an·probieren 47
an·reisen 72
die Ansage, -n 28
die Ansicht, -en 32
ansonsten 41
an·spannen 58
die Anspannung, -en 58
die Ansprache, -n 16
an·sprechen 19
der Ansprechpartner, - / die Ansprechpartnerin, -nen 54
anspruchsvoll 19
an·strengen (sich) 33
der Anteil, -e 43
die Antwortmöglichkeit, -en 8
die Anweisung, -en 56
an·ziehen 61
der Aperitif, -s 36
arabisch 79
die Arbeitgeberattraktivität (Sg.) 61
der Arbeitnehmer, - / die Arbeitnehmerin, -nen 54
die Arbeitserleichterung, -en 31
der Arbeitsinhalt, -e 24
das Arbeitsklima (Sg.) 14
das Arbeitsmittel, - 24
der Arbeitsplatzwechsel, - 25
der Arbeitstag, -e 16
die Arbeitswelt, -en 54
das Arbeitszeitmodell, -e 61
der Archäologe, -n / die Archäologin, -nen 10
der/die Arme, -n 10
arrogant 12
asiatisch 21
der Aspekt, -e 61
der Assistent, -en / die Assistentin, -nen 32
die Assoziation, -en 17
der Astronaut, -en / die Astronautin, -nen 50
atmungsaktiv 47
Aua! 70
auf·essen 39
auf·fallen 14
auf·geben 44
auf·klären 46
auf·kommen 51
die Auflage, -n 43
auflagenstark 43
aufmerksam 11
die Aufmerksamkeit, -en 56
auf·nehmen 24
auf·steigen 68
die Aufstiegsperspektive, -n 61
der Auftrag, ¨e 44
aus·atmen 58
der Ausbildungsberuf, -e 51
der Ausbildungsleiter, - / die Ausbildungsleiterin, -nen 16
der Ausbildungsplatz, ¨e 15
der Ausblick, -e 41
ausfindig machen 23
die Ausgabe, -n 29
aus·geben 48
aus·gehen 62
das Ausgehen 8
der Ausgleich (Sg.) 54
aus·kennen (sich) 59
die Auskunft, ¨e 28
ausländisch 19
aus·packen 69
aus·richten 28
aus·schalten 90
außen 38
außer 11
außer: außer Haus 28
der Ausstand (Sg.) 73
die Auswertung, -en 50
aus·ziehen 19
der/die Auszubildende, -n 15
automatisch 28
baldig 74
die Bankstadt, ¨e 25
die Batterie, Batterien 65
beachten 38
bedenken 47
die Bedienung, -en 84
das Bedürfnis, -se 54
beeinflussen 10
befinden (sich) 48
befristet 25
begabt (sein) 51
die Begegnung, -en 19
beginnen 38
begrenzt 25
behaupten 32
beherrschen 14
bei·tragen 53
beleidigen 39
belügen 66
bemerken 64
benehmen (sich) 38
der Benzintank, -s 64
beobachten 38
das Beratungsgespräch, -e 47
der Bereich, -e 32
bereit·halten 28
der Berliner, - / die Berlinerin, -nen 19
berücksichtigen 47
berühren 67
berührend 70
die Berufsberatung, -en 52
der Berufsfindungstest, -s 49
das Berufsleben (Sg.) 32
das Berufspraktikum, -praktika 14
der Berufsverkehr (Sg.) 76
die Berufsvoraussetzung, -en 24
beschäftigen (sich) 14
beschäftigen 41
der Bescheid, -e: Bescheid geben 72
bescheren 77
besetzt 28
besiedeln 21
das Besondere (Sg.) 72
die Bestätigung, -en 13
das Beste (Sg.) 23
bestehen (auf) 62
das Bestehen (Sg.) 41
bestens 54
bestimmen 38

die Finanzen (Pl.) 59
finanziell 10
der Firmengründer, - / die Firmengründerin, -nen 60
der Firmenparkplatz, ¨e 72
das Fischstäbchen, - 15
das Fitnessangebot, -e 54
der Fliegenpilz, -e 79
fließend 77
das Floß, ¨e 72
die Floßfahrt, -en 74
föhnen 26
das Folgende 62
die Folie, -n 56
der Fortschritt, -e 32
der Fotograf, -en / die Fotografin, -nen 17
die Frauenzeitschrift, -en 43
frech 10
der/die Freche, -n 23
frei: frei haben 26
frei: im Freien 54
Freiheit, -en 51
der/die Fremde, -n 50
fressen 46
freudig 77
frieren 70
die Frisur, -en 66
frühzeitig 38
führen 14
der/die Fünfte: jeder Fünfte 19
das Fünftel, - 21
fürchten 32
füttern 45
die Fußballnationalmannschaft, -en 77
das Futter (Sg.) 46
der Futternapf, ¨e 46
das Futur (Sg.) 31
der Gang, ¨e 38
ganz- 15
gar: gar nicht 12
garantieren 79
das Gartenfest, -e 19
die Gastfreundschaft (Sg.) 37
der Gastgeber, - / die Gastgeberin, -nen 38
das Gastgeschenk, -e 36
der Gastredner, - / die Gastrednerin, -nen 41
der Gatte, -n / die Gattin, -nen 26
das Gebell (Sg.) 77
geblitzt werden 65
das Geburtstagsgeschenk, -e 66
das Gedächtnis-Spiel, -e 20
die Geduld (Sg.) 24
geduldig (sein) 15
geeignet (sein) 50
gefeiert 23
das Gehalt, ¨er 14
das Gehege, - 46
gehen: es geht um 43
der Geldautomat, -en 70
die Geldbörse, -n 70
die Gelegenheit, -en 14
gelingen 36
gelten 79
die Genossenschaft, -en 42
genügen 50
gering 14
die Gesamtauflage, -n 43
geschäftlich 41
der Geschäftsbereich, -e / 42
das Geschäftsessen, - 38
der Geschäftsführer, - / die Geschäftsführerin, -nen 56
die Geschäftsführung (Sg.) 73
geschehen 68
das Geschick (Sg.) 24
die Gesellschaft, -en 46
die Gesprächsstrategie, -n 27
(herum)gestikulieren 38
gestresst 51
die Gesundheitsförderung (Sg.) 53
das Gesundheitsmanagement (Sg.) 56
die Gewerkschaft, -en 73
gewiss 62
gierig 38
die Glaskugel, -n 79
die Gleichheit (Sg.) 42
gleichwertig 42
der/die Glückliche, -n 10
das Glücksgefühl, -e 68
der Glücksmoment, -e 67
der Glückspfennig, -e 79
das Glücksschwein, -e 79
das Glückssymbol, -e 79
das Grillfest, -e 19
der/die Große, -n 26
großzügig 10
der Gründer, - / die Gründerin, -nen 42
die Gründung, -en 42
das Gründungsjahr, -e 42
das Gruppentraining, -s 24
grüßen 74
das Grußwort, -e 41
der Guide, -s 77
gut: gut ein Fünftel 21
der Gutachter, - / die Gutachterin, -nen 72
der/die Gute, -n 62
der Haken, - 62
halboffiziell 35
halten: eine Rede halten 16
der Hamster, - 47
die Handarbeit, -en 59
das Handbuch, ¨er 32
die Handlung, -en 51
handwerklich 51
der Hang, ¨e 26
das Hauptgeschäft, -e 59
der Hausbesuch, -e 24
die Hausmeistertätigkeit, -en 18
das Haustier, -e 45
die Haustür, -en 87
heben 58
der Heilpraktiker, - / die Heilpraktikerin, -nen 24
das Heim (Sg.): das eigene Heim 18
der Held, -en / die Heldin, -nen 15
der Hemdkragen, ¨ 38
die Herausforderung, -en 41
herrschen: es herrscht 18
die Herstellung, -en 42
der Herzenswunsch, ¨e 77
herzhaft 41
herzlichst 30
das Heu (Sg.) 46
hierher 41
hiermit 41
das Hilfsmittel, - 33
hinein·bitten 44
hinein·stopfen 38
hingegen 21
hin·legen (sich) 58
hin·setzen (sich) 58
hin·stellen (sich) 58
hinterher·kommen 44
der Hinweis, -e 47
hin·weisen 77
hoch·fahren 91
die Hochzeitsfrisur, -en 26
hoch·ziehen 58
die Hockeymannschaft, -en 68
der Hof, ¨e 19
der Hofladen, ¨ 59
das Holzhaus, ¨er 17
das Homeoffice (Sg.) 54
die Homepage, -s 59
der Hubschrauber, - 77
der/die Hübsche, -n 9
die Hütte, -n 77
das Hufeisen, - 79
humorvoll 12
das Hundebaby, -s 49
die Hundesteuer, -n 48
Hurra! 70
der Husky, -s 77
Igitt! 70
der Ignorant, -en / die Ignorantin, -nen 38
Iih! 70
die Illustrierte, -n 18
die Individualität, -en 61
individuell 54
die Industrie, -n 59
die Industrieware, -n 59
der Infinitivsatz, ¨e 46
die Informationsbroschüre, -n 73
infrage: infrage kommen 47
der Inhalt, -e 43
der Inhaltspunkt, -e 75
die Initiative, -n 77
innen 38
der (Innen-)Hof, ¨e 18
die Innenstadt, ¨e 18
innerhalb 61
der Innovationsgeist (Sg.) 41
intelligent 10
der Intelligenztest, -s 49
interaktiv 60
interessiert 59
die Interjektion, -en 70
das Intranet, -s 54
irgendetwas 68
irgendwie 15
irreal 64
islamisch 79
jahrelang 67
das Jahresende (Sg.) 68
jährlich 56
(das) Japan 39
die Jeansjacke, -n 23
jeweilig 38
jubeln 67
die Jugendzeitschrift, -en 27
Juhu! 70
der Jungunternehmer, - / die Jungunternehmerin, -nen 59

das Wissen (Sg.) 59
wissenschaftlich 54
wochenlang 64
die Wochenstunden (Pl.) 14
wofür 25
das Wohlbefinden (Sg.) 53
wohl·fühlen (sich) 13
der Wohlstand (Sg.) 79
der Wohnblock, ⸚e 19
die Wohnfläche, -n 19
die Wohnform, -en 25
die Wohnmöglichkeit, -en 25
die Wohnungseinweihung, -en 19
der Wohnungsmangel (Sg.) 18
die Wohnungssuche (Sg.) 18
woran 17
der Wortschatz (Sg.) 82
wovor 87
wozu 41
das Wundervolle 68
das Zähneputzen 62
die Zauberei, -en 31
die Zeitangabe, -n 33
der Zeitplan, ⸚e 44
das Zeitschriftenporträt, -s 43
der Zeitungsmarkt (Sg.) 43
das Zeitungsporträt, -s 43
zentral 32
das Zeug (Sg.) 64
ziehen zu/in/auf 19
ziehen lassen 70
zielstrebig 50
der Zirkuswagen, - 18
zornig (sein) 65
der Zugang, ⸚e 19
das Zuhause (Sg.) 19
das Zuhören 56
der Zuhörer, - / die Zuhörerin, -nen 56
zukünftig 38
die Zukunftsvision, -en 33
zu·packen 50
zurecht·kommen 14
zurück·drehen 32
zurück·treten 44
die Zusage, -n 71
der Zusammenhang, ⸚e 56
zusammen·zählen 50
zu·schicken 29
zuständig 28
zuverlässig 14
der Zweck, -e 44
zweijährig 41
zweit- 21

QUELLENVERZEICHNIS

Cover: © Getty Images/Andreas Pollok
Seite 3: Modul 2 © Eastblockworld.com; Modul 4 © iStock/Vetta Collection/sturti
Seite 11: Hand mit Smartphone und Frau © Thinkstock/iStockphoto
Seite 12: © Thinkstock/iStockphoto
Seite 16: © Thinkstock/Hemera
Seite 17: © Thinkstock/Design Pics
Seite 18: 3a © Thinkstock/iStockphoto; 3b: 2. Bild Wohnwagen © fotolia/Robert Ford; Mann © Thinkstock/F1online; 3. Bild © Thinkstock/Stockbyte; 4. Bild © PantherMedia/JPaget RFphotos
Seite 21: © Hueber Verlag
Seite 23: Klassentreffen: Gerd Pfeiffer, München; Übung 1: 1, 2, 5 © Thinkstock/iStock; 3 © Thinkstock/Blend Images; 4 © Thinkstock/Purestock
Seite 24: alle: MingaMedia Entertainment GmbH
Seite 25: beide Bilder © Thinkstock/iStock
Seite 26: Schere © Thinkstock/ivan_baranov
Seite 31: © Eastblockworld.com
Seite 32/33: Bildlexikon: Roboter, Smartphone, Tablet-PC © Thinkstock/iStockphoto; PC © iStockphoto/nico_blue; Laptop © fotolia/Fatman73; Handy © iStockphoto/milosluz; Festplatte, Tastatur © Thinkstock/Photodisc; Laufwerk © Thinkstock/Hemera; Monitor © iStockphoto/Viktorus; Maus © Thinkstock/Brand X Pictures
Seite 32: A © Thinkstock/iStockphoto; B © iStockphoto/Scott Cramer Photography
Seite 33: Paulo © Thinkstock/Digital Vision; Lukas © fotolia/Yuri Arcurs; Verena © Thinkstock/Ingram Publishing
Seite 39: Schüssel, Blätterornament © Thinkstock/iStockphoto
Seite 41: Gläser © Thinkstock/Pickledjo
Seite 42: Alle Fotos und Bilder mit freundlicher Genehmigung des MIGROS-GENOSSENSCHAFTS-BUND, Zürich, Schweiz
Seite 43: Zeitungen © fotolia/svort; Zeitschriften © Thinkstock/Hemera
Seite 48: © iStockphoto/Ljupco
Seite 49: Murmeln, Uhrwerk, Wasserhahn, Welpe © Thinkstock/iStockphoto
Seite 50: Welpe, Wasserhahn, Uhrwerk, Murmeln © Thinkstock/iStockphoto
Seite 56: von links © fotolia/contrastwerkstatt; © Thinkstock/iStockphoto
Seite 59: Wolle © Thinkstock/iStock; Mann © iStockphoto/barsik
Seite 60: 1: © Hueber Verlag; 3: MingaMedia Entertainment GmbH
Seite 61: Bild oben © Thinkstock/Christopher Robbins; Text in bearbeiteter Form: © 3s Unternehmensberatung GmbH, *http://www.karrierefuehrer.at/*; Bild unten © Thinkstock/Top Photo Group
Seite 62: Bitte nicht stören © Thinkstock/Anastasiya Zalevska
Seite 63: © iStockphoto/Vetta Collection/sturti
Seite 64: © iStockphoto/Vetta Collection/sturti
Seite 67: © fotolia/Siberia
Seite 68: © Thinkstock/iStockphoto
Seite 71: © Werner Dieterich
Seite 72: Borte © Thinkstock/iStockphoto; Floß: Werner Dieterich
Seite 76: © fotolia/Peggy Blume
Seite 77: alle © Herzenswünsche e.V.
Seite 78: Aufgabe 1; 3: MingaMedia Entertainment GmbH; Aufgabe 2: Charlotte Habersack, München
Seite 79: A: Wichtel © Thinkstock/Ingram Publishing; Murmel, Stein © Thinkstock/iStock; Ring © Thinkstock/Hemera; Kleeblatt, Marienkäfer © Thinkstock/Zoonar; Pfennig © fotolia/MPower223; Fliegenpilz © Thinkstock/Ingram Publishing; Hufeisen © fotolia/UK; Glücksschwein © fotolia/Henry Schmitt; Katze, Fatima © Thinkstock/iStock; Muschel © fotolia/Stefan Thiermayer
Seite 84: © Thinkstock/iStockphoto
Seite 85: © Thinkstock/iStockphoto
Seite 87: Ben © Thinkstock/Goodshoot
Seite 90: Ben © Thinkstock/Goodshoot

Produktionsfotos: Florian Bachmeier, Schliersee
Illustrationen: Michael Mantel, Barum
Bildredaktion: Iciar Caso, Hueber Verlag, München